Der Mond ist ein Berliner

Torsten Harmsen

# Der Mond ist ein Berliner

## Wunderliches aus dem Hauptstadt-Kaff

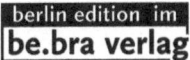

berlin edition im
be.bra verlag

Bibliografische Information der Deutschen Nationalbibliothek
Die Deutsche Nationalbibliothek verzeichnet diese Publikation
in der Deutschen Nationalbibliografie; detaillierte bibliografische
Daten sind im Internet über http://dnb.d-nb.de abrufbar.

© berlin edition im be.bra verlag GmbH
Berlin-Brandenburg, 2019
KulturBrauerei Haus 2
Schönhauser Allee 37, 10435 Berlin
post@bebraverlag.de
Lektorat: Matthias Zimmermann, Berlin
Umschlag: Manja Hellpap, Berlin (Illustrationen: Nina Pagalies)
Satz: Zerosoft
Schrift: DTR Documenta 9,5/14pt
Druck und Bindung: GGP Media GmbH, Pößneck
ISBN 978-3-8148-0242-8

**www.bebraverlag.de**

# Der eene sacht so, der andre so!
*(Statt eines Vorworts)*

Was ist Berlin eigentlich? Was macht diese Stadt aus? Wir wissen es nicht genau. Es ist ein Mix aus Dingen, die eigentlich nicht zusammenpassen. Die Kieze, Architekturen und Subkulturen – alles bunt zusammengewürfelt. Und auch die Menschen selbst. Die veganen Sojamilchkaffeeschlürfer aus Neu-Schwabenländle gehören ebenso dazu wie die Aldi-Kassiererinnen aus Hellersdorf, die Shisha-Raucher aus Friedrichshain, die Kiffer in den Parks, die Anzugträger aus den Anwaltsbüros in der Friedrichstraße, die Gartenzwerg-Kolonisten aus Rudow, die Penner am Alex, die Hipster mit den Krümelsammlerbärten und die Jugendlichen, die sich beim Orient-Friseur Muster in die Haare schneiden lassen.

Seit Jahren suchen die Oberen der Stadt nach einem Bild, um die ganze chaotische Vielfalt zusammenzufassen. Am besten in einem einzigen Spruch. Mir würde da nur einfallen: »Berlin – der eene sacht so, der andre so.«

Vor Jahren präsentierte der Senat die Kampagne »be Berlin«, also »sei Berlin« – aber auf Englisch. Was sofort Verwirrung auslöste, weil mancher Berliner, der nicht dauernd Englisch spricht, das nicht erkannte: »Wat soll'n dit? Fangn die jetz an zu stottern oder wat? Be-be-be-be-be-Berlin?«

Eine Schülerin wiederum hatte in einem Wettbewerb den Siegerspruch geschöpft. Er lautete: »Sei einzigartig, sei vielfältig, sei Berlin«. Ein schöner Spruch. Er sagte alles und nichts. Leider war er auch noch etwas zu lang. Und vor allem: Er reizte zur Persiflage. Schon einige Alternativvorschläge des damaligen Wettbewerbs zeigten, wie nahe alles an der Komik war: »Sei Wissensdurst, sei Currywurst, sei Berlin« oder »Sei barfuß, sei Lackschuh, sei Berlin«. Da ist es nicht weit bis zu »Sei Hund, sei Haufen, sei Berlin« oder »Sei Fluch, sei Hafen, sei Berlin«.

Jüngst erst hat der Senat erklärt, dass »be Berlin« als Slogan der Vergangenheit angehöre. Man müsse einen neuen finden. Aber warum? Wozu braucht man das?

Berlin hat Jahrhunderte existiert, ohne es nötig zu haben, auf einen Spruch gebracht zu werden – auch wenn sicher immer mal etwas zusammengedichtet wurde. »Berlin – wie haste dir verändert« wabert mir aus früheren Zeiten im Kopf herum. Auch irgendwas mit »Herz und Schnauze« und Slogans wie »Der Insulaner verliert die Ruhe nicht« und »Sieben bis zehn – Sonntagmorgen in Spreeathen«.

Man stelle sich vor, die Stadtoberen hätten schon vor Jahrhunderten Geld verpulvert, um einen Slogan für ihr Kaff zu finden. Im Mittelalter zum Beispiel. Mitten in einem Sumpfgebiet wuchsen zwei kleine Kaufmannsstädte, Berlin und Cölln, umgeben vom sandigen Brandenburg. Wie hätte der Spruch wohl gelautet? Wahrscheinlich: »Berlin – Hauptsache, jenuch Streusand!« Sofort wären die Bürger der benachbarten Stadt Cölln angerannt gekommen und hätten gebrüllt: »Und wir? Uns habta wohl vajessen, ihr doofen Berliner? Wir brauchen doch ooch Sand!«

Gut, berlinert wurde damals noch nicht. Aber egal. Irgendwo muss sich der Geist dieser Stadt ja konzentrieren. Und ich sehe ihn eben ganz stark in der Sprache, im Berlinischen, das sich über lange Zeit entwickelt hat und die Vergangenheit mit dem Heutigen verbindet, obwohl es immer weniger Leute sprechen.

Wie hätte wohl der Slogan unter dem Alten Fritzen im 18. Jahrhundert gelautet? Vielleicht: »Berlin – jeder nach seiner Fasson. Aber hallo!« Oder 1806, als Napoleon Preußen niedergeworfen hatte: »Berlin – wer hinfällt, muss ooch wieder uffstehn.« Oder in der durchmilitarisierten Kaiserzeit: »Berlin – ummpta, ummpta, ummpta, täterääää!« Das katastrophale Auf und Ab der ersten Hälfte des 20. Jahrhunderts lässt sich dagegen recht treffend mit dem Spruch zusammenfassen: »Berlin – himmelhoch jauchzend, am Boden zerstört.«

Und dann gab's irgendwann gleich zwei Berlins. Schizophrenie! Ein gemeinsamer Slogan? Unmöglich! Und wenn, dann hätte er nur lauten können: »Berlin – doppelt hält bessa!« Im Westteil der Stadt – der »Insel im roten Meer« – hätte man nach dem Stil der jüngsten Kampagne »be Berlin« vielleicht gedichtet: »Sei Rosine, sei Bomber, sei Berlin.«

Dem Berliner Geist, wie ich ihn empfinde, widerstrebt jedes Kampagnenhafte und Aufgesetzte. Und wenn man doch einen Slogan finden muss, weil man in dieser Stadt zu viel Zeit und Geld hat, dann bitte einen ganz kurzen. Alles andere ist unberlinisch.

Im Grunde kann es überhaupt keinen Spruch für alle geben. Höchstens den, den ein Kollege jüngst vorgeschlagen hat: »Dit is Berlin!« Stimmt. Da findet sich jeder wieder. Dafür braucht's aber keine Kampagne.

Ich selbst, der ich in dieser Stadt lebe, habe für jeden Tag einen anderen Berlin-Slogan – je nach Erlebnissen und Stimmung. Hier eine kleine Sammlung: »Berlin – schon okay!«, »Berlin – ach Jottchen!«, »Berlin – meene Fresse!«, »Berlin – fuck, fuck, fuck!«, »Berlin – wird schon!«, »Berlin – ick hau ma weg!« – »Berlin – ooch ejal!«. Wählt doch einfach was aus! Und Ruhe!

Die folgenden Texte stammen großenteils aus der Kolumne, die ich wöchentlich für die Berliner Zeitung schreibe. In ihr geht es nicht nur um Berliner Beobachtungen und die Feinheiten der Sprache. Nein, auch um eine bestimmte Art und Weise, Dinge zu ironisieren und zugleich auf den Punkt zu bringen. Da kann es dann auch passieren, dass plötzlich die Vögel, Biber und Kaninchen der Stadt berlinern. Oder ein wiedererwachter Urmensch, der sich über die verschrobene, unpraktische Art heutiger Menschen wundert. Oder sogar der Mond, dem das große Gewese der Erdlinge auf die Nerven geht. Denn der Mond ist eigentlich ein Berliner. Daran gibt es gar keinen Zweifel.

Torsten Harmsen

· · · · · · · · · · · · · · · · · · · · · · · · · · · · · · ·

## Rotzbremse und Mollenfriedhof

Neulich, wieder mal in der Kantine, in die ich manchmal mit den Kollegen gehe. Durch die offene Tür höre ich ein Gespräch zwischen den Köchen: »Ulli, wie woll'n wa denn die Suppe nennen?« – »Gedöns-Rahmsuppe!«

Am Ende stand dann sicher irgendwas Hochedles auf dem Zettel. Aber so ist er, der Berliner. Er muss den Dingen irgendwelche schrägen Namen geben. Die Sprache ist voll davon. Das beginnt schon ganz früh. Der Berliner kann nicht einfach »Mund« sagen, wenn er sein Kind füttern will. Nee, er sagt: »Los, Futterluke uff!« Eine frühere Lehrerin fuhr uns an, wenn wir quatschten: »Macht eure Broteinfuhrklappen zu!«

Wenn man an einem schönen Berliner »Alabasterkörper« runterblickt, dann sieht man: »Horchlöffel« (Ohren), »Glubscher« (Augen), »Rotzbremse« (Oberlippenbart), »Flossen« oder »Griffel« (Finger), »Wampe« oder »Mollenfriedhof« (Bauch), »Kackstelzen« (Beine) und »Quanten«, »Mauken« oder »Quadratlatschen« (Füße). Ist die Nase mal rot, heißt sie gleich »Feuermelder«. Wer schielt, der hat einen »Panoramablick«.

Man kann dem Berliner schöne Dinge hinstellen, ihm strahlende Führungspersönlichkeiten vorsetzen, edelste Köstlichkeiten bieten – er verhunzt alles. Und das war schon immer so. Die stolzen Orden und Litzen der Offiziere hießen »Lametta«, das knusprige Brathähnchen »Jummiadler«, ein hübsches Damenballett hieß »Huppdohlen«, der Dentist »Zahnklempner«, der Chef »Obermimer«, die Verwandtschaft »die (janze) Blase«, ein Tanzvergnügen »Ringelpiez mit Anfassen«. Und alle Händler und Fachleute heißen »Fritze«: »Jemüsefritze«, »Computerfritze«, »Versicherungsfritze«, mitunter auch »Heini« oder »Heinz«.

Ich gebe zu: Vieles davon wird im Alltag nicht mehr genutzt, einiges aber schon noch und es kommen ständig neue auf. Ich bin immer interessiert an aktuellsten Wortschöpfungen. Her damit!

Auch ich habe die Angewohnheit, allem irgendwelche komischen Namen zu geben. Dann brumme ich in Richtung S-Bahn: »Mach hinne, du olle Schrottschüttel!« Einst nannte ich unsere Babys »Gorbi« (wegen des runden Glatzkopfs, wie ihn der einst von uns verehrte Reformer Gorbatschow hat) und »Genschman« (wegen der abstehenden Ohren – die Älteren erinnern sich noch an den alten Außenminister Genscher). Später folgten »Knutschbacke«, »Fusselbirne« und »Knuddelmaus«. Ich hoffe, meine

Kinder haben kein Trauma davongetragen. Zärtlicher kann's der Berliner eben nicht.

· · · · · · · · · · · · · · · · · · · · · · · · · · · · · · · · · ·

## Lausteraffe? Noch nie gehört!

»Na, dit is je een Schnickschnack. Wozu braucht man denn so wat?«, fragt mein alter Schulkumpel, den ich zufällig in der Stadtmitte getroffen habe. Wir fahren zusammen am rosa Kaufhaus Alexa vorbei, und dabei fällt mir ein, dass ich andauernd Werbung zu einem Gerät sehe, das den gleichen Namen trägt. Alexa also. Es handelt sich um eine Sprachassistentin, die schon in vielen Wohnungen steht und der man Fragen stellen und Aufträge erteilen kann. Nach dem Motto: »Alexa, wie wird das Wetter morgen?« – »Alexa, mach bitte das Radio an!« – »Alexa, stell den Wecker auf morgen früh um acht!« – »Alexa, spiel bitte die Musik von meiner Playlist!«

Hört sich alles bequem an, abgesehen davon, dass man sich einen kleinen Spion ins Haus holt, der am Ende mehr von einem weiß als man selbst. Doch egal. »Is ja jedem seine Sache«, sagt der Berliner.

Zumindest hört Alexa aufs Wort. In den USA hat das Ding, das aussieht wie eine Dose, eines Tages plötzlich in vielen Familien Puppenhäuser bestellt. So erzählt man zumindest. Der Grund: Ein TV-Sender berichtete über ein kleines Mädchen, das über die Sprachassistentin aus Versehen ein Puppenhaus und Kekse geordert hatte. Und der Moderator der Sendung wiederholte laut den Satz des Mädchens: »Alexa, order me a dollhouse!« Was prompt in vielen Wohnungen, in denen der Fernseher lief, von den Alexa-Dosen als Auftrag verstanden wurde, ein Puppenhaus zu bestellen.

»Haha«, sagt mein Schulkumpel, »stell dir ma vor, du nennst dein Kind Alexa und hast so'n Ding zu Hause. Und du sachst: ›Alexa, Zimmer aufräum'n!‹ Am nächsten Tach steht 'ne Putzbrigade vor deiner Tür. Ick hau ma weg!« – »Das Kind fände das sicher gut!«

Ein großes Problem sähe ich auch darin, wie man als echter Berliner mit dem Ding kommunizieren soll. Wir spielen ein paar mögliche Situationen durch. Das Ergebnis ist der folgende kleine Dialog:

»Alexa«, sage ich, »ick jeh jetz arbeeten!« Alexa antwortet: »Du willst beten? Welcher Konfession gehörst du an? Die nächste evangelische Kirche liegt zwei Straßen weiter. Die nächste katholische …«– »Eh, Alexa, bei dir is wohl 'ne Schraube locker?« – »Das Schraubenzieher-Set liegt in der Flurkommode, drittes Fach von unten.« – »Eh, Alexa, du Quasselstrippe, ick denk, mir laust der Affe!« – »Lauseraffe? Habe ich noch nie gehört. Es gibt sogenannte Neuweltaffen und Altweltaffen, darunter Menschenartige. Diese unterteilen sich wieder in Gibbons und Menschenaffen …« – »Schnauze, Alexa, da wird ja der Hund inne Fanne varückt!«

»Und zwanzich Minuten später«, setzt mein Schulfreund hinzu, »steht dann eena vor de Türe mit 'ner großen China-Box und sacht: ›Habe Essen bestellt? Hund in Pfanne?‹« – »Das ist ein Klischee, mein Lieber!«, entgegne ich streng. Trotzdem lachen wir uns beide scheckig und sind uns einig: Vorsicht, was man in Gegenwart von Alexa sagt. Am besten, das Ding kommt einem gar nicht erst ins Haus.

## Dem Schlaf seine Atze

Herrliches Juristendeutsch habe ich auf den Tisch bekommen – und zwar mit einem Vertrag, den ich jüngst abschloss. Darin heißt es: Falls Bestimmungen dieses Vertrages unwirksam würden, träte an ihre Stelle eine Regelung, die »dem am Nächsten kommt, was die Parteien beabsichtigt haben oder nach dem Sinn und Zweck dieser Vereinbarung gewollt haben würden, wenn sie den Punkt bedacht hätten.«

Super Satz! Grandios! Wenn ihn ein echter Berliner formuliert hätte, klänge er noch besser, und zwar so: »Pass uff, Freundchen, wenn allet janz anders kommt, dann machen wa dit, wat wa jewollt hätten, wenn wa dran jedacht hätten. Hamwa aba nich!« Kurz zusammengefasst: »Hätte, hätte, du Bulette!« oder, wie mein Opa sagte: »Hätte der Hund nich jeschissen, hätta den Hasen noch jekricht!«

Der Berliner hat Probleme mit Begriffen wie »wenn« und »hätte«. Er nutzt sie meist nur, um andere zu ärgern. Etwa, wenn ein Kunde abends in den Bäckerladen stürzt und fragt: »Haben Sie Spritzkuchen?« – und die Antwort schallt: »Nee, ham wa nich, aber wenn wa se hätten, wär'n se ooch schon alle.« Sehr sympathisch! Offenbar hat die Seele des Berliners Spaß an komplizierteren Gedankenkonstruktionen. Obwohl er sie eigentlich nicht ausdrücken kann.

Mit »wenn« und »hätte« geht's ja noch. Aber wehe, er muss etwas sagen, für das man einen Genitiv braucht. Der Romantitel »Schlafes Bruder« hieße auf Berlinisch: »Dem Schlaf seine Atze«. »Keule« kann man auch sagen. »Der Widerspenstigen

Zähmung« von Shakespeare würde zu »Die Ssähmung von die Widerjespenstigten«.

»Wir wollen trinken auf dem Wohle von das Brautpaar seine Eltern!« ist ein Spruch, den ich in einem Büchlein des Berliner Autors Jan Eik fand. Zusammen mit einem Beispiel dafür, wie der Berliner es schafft, alle bestimmten Artikel des Deutschen (der, die, das) hintereinander unterzubringen: »Meine Schwester hat'n Kind jekricht. Den, der die das jemacht hat, den suchen wa noch.«

Berlinisch zu lernen, ist komplizierter als Suaheli, zumindest grammatikalisch.

## Ick gloob et hackt!

Das Berlinische sei gar kein Dialekt, sagte jüngst ein Sprachforscher, sondern ein sogenannter Metrolekt, eine aus verschiedenen Einflüssen entstandene Stadtsprache. Und was am schlimmsten ist: Berlinisch sei eigentlich Sächsisch, nur niederdeutsch ausgesprochen. Oder, wie es 1927 die Forscherin Agathe Lasch schrieb: »Der Lautgestalt nach ist es die im 16. Jahrhundert aus dem Obersächsischen entlehnte Sprachform.«

»Ick gloob et hackt!«, ruft mein innerer Berliner. Wir sollen verkappte Sprachsachsen sein? Wozu haben wir noch zu meiner Jugendzeit die alte Rivalität zwischen Preußen und Sachsen gepflegt, haben uns als »Berliner Großfressen« beschimpfen lassen und so schöne Verse gesungen wie: »Siehst du einen Sachsen liejen, / blas ihn auf und lass ihn fliejen«?

Wir sagen »Ick könnt ma uffrejen« – und nicht: »Da gönnt'schma uffräsch'n«. Obwohl, bei diesem »uff« fängt's eigentlich schon an. Wenn man ganz ehrlich ist, gibt es durchaus viele Ähnlichkeiten zwischen uns und den Sachsen. Ich sag das jetzt mal ganz laienhaft. In beiden Dialekten wird bei bestimmten Begriffen aus dem »Ei« das »E«, wenn auch nicht beim Ei selbst, sondern etwa bei »Beene«, »breet« oder »heeß«. Aus dem »Ü« wird ein »I«: »Fieße«, »sieß«, »Kieche« (wie man es noch bei alten Berlinern hörte: »Du bist meene kleene Sieße«). Aus dem »Au« wird ein »O«: »glooben«, »koofen«, »loofen«, »ooch«.

Sogar grammatikalische Ähnlichkeiten scheint's zu geben. »Wem seine Jacke is'n dis?« – das könnten beide sagen, auch wenn der Sachse eher »wääm« sagt und der Berliner am Ende »dit«. Aber »dit«, »wat« und »ick« sind eben plattdeutsche Anteile des Berlinischen.

Hübsche sächsische Sprüche, die ich mal von einem Freund hörte, könnte man sich auch in Berlin vorstellen: »Du hüppst wohl nich im Kreis?« oder »Du zieht wohl Nebenluft?« Allerdings kippen des Sachsens Laute mehr ins O, er spricht die Konsonanten weicher, also »g« statt »k« und »b« statt »p«. Oder genau umgekehrt, also härter.

Der Sachse ist nämlich ein Konsonantenverwechsler, was zu Missverständnissen führen kann. Der Sachse sagt: »Gommste zur Bardy mit Bekleidung?« – Der Berliner: »Biste blöde? Soll ick vielleicht nackt komm?« – »Nee, isch meene, ob de een mitbringst.« Mit solchen Sprachkaspern sollen wir wirklich verwandt sein? Nee, wa?

## Jenau uff de Brülle

Die Ostsee ist die Badewanne der Berliner. Seit über 100 Jahren. Die Hauptstädter amüsieren sich hier »wie Bolle«. Zwischen ihnen tollen Familien aus Dresden, Halle, Suhl, Köln, Frankfurt oder Hannover herum. Das Meer selbst merkt man in diesem Jahr übrigens kaum. Es schwappt träge ans Ufer.

»Seltsam«, sagt meine Frau, während wir auf Rügen am Strand liegen. »Zehn Meter weiter, auf der Promenade, tun sie alle noch piekfein. Und hier lassen sie sämtliche Hemmungen fallen. Bloß, weil Sand rumliegt.«

Ein Mann spielt mit seinen Söhnen Fußball. Der Ball knallt einer Frau an den Kopf. Die schreit: »Mensch, jenau uff de Brülle! Se könn doch hier nich so wild rumschießen!« Sie hält ihre lädierte Sonnenbrille hoch. »Tschuldijung«, murmelt der Mann und geht mit den Söhnen ein paar Meter weiter.

Nebenan füttert jemand fleißig Möwen. Die werden immer dreister. Eine kackt auf den Strandkorb, eine andere hackt ein Loch in eine Luftmatratze. Geschrei und Gezeter. »Se gönn doch de Monstervieschor hier nä oo' noch anfüddorn«, ruft ein Sachse wütend.

In Sichtweite beginnt der FKK. Hier liegen die, die schon immer hier lagen. Buchstäblich gemeint. Oma und Opa zeigen freimütig die Spuren ihres wechselvollen Lebens. Die Enkelin behält den Bikini an. Wozu hat man das teure Ding sonst gekauft?

Und dann gibt's jene Leute, die nie loslassen können. Wie den Arzt im Nachbarstrandkorb. Er telefoniert stundenlang mit seiner Thüringer Klinik, während die Kinder ein Loch bis

Australien buddeln. Einer seiner Doktoren-Kollegen habe sich im Nachtdienst sehr gelangweilt, erzählt der Arzt jemandem am Handy. Aus lauter Forscherdrang habe er einen Tennisball mit Metallteilen gefüllt und in den Kernspintomografen gelegt. Natürlich sei das sauteure Gerät kaputtgegangen. Nun müssten extra Spezialisten aus Frankreich kommen und es reparieren.

Gott sei Dank passiert so was nicht an der Charité, denke ich. Meine Frau murmelt: »Endlich erfahre ich mal, wo unsere Kassenbeiträge bleiben.« Ja, man braucht keine Detektive, um den Idiotien dieser Welt auf die Spur zu kommen. Ein Urlaub am Strand reicht vollkommen.

· · · · · · · · · · · · · · · · · · · · · · · · · · · · · · · · · · · · · · ·

## Jedichte, die nur in Berlin jehn

In einem Buch fand ich ein Gedicht von Kurt Tucholsky mit dem Titel »Singt eener uffn Hof«, von 1932. In der letzten Strophe heißt es:

Der Blumentopp vor deinen Fensta,
der duftet in dein Zimmer rein …
Leb wohl, mein liebes Kind, und wennsta
mal dreckich jeht, denn denke mein –!

So etwas funktioniert nur auf Berlinisch. Denn auf »wennsta« lässt sich eben viel reimen – neben »Fensta« noch »Jespensta«,

»du rennst da«, »du pennst da« und anderes mehr. Was dagegen reimt sich auf »wenn es dir«, was ja die hochdeutsche Variante wäre?

Natürlich juckt es mich, das poetische Potenzial des Berlinischen weiter zu erschließen. Das steckt ja schon in seiner herrlichen Grammatik, etwa in der strengen Vermeidung des Genitivs. Da heißt es nicht »dessen Schwester«, sondern »dem seine Schwelle«. Und auch nicht »ihr Mann«, sondern »der ihr Mann« oder »der ihr Oller«.

Wie geht man zum Beispiel vor, wenn man folgenden Konflikt lyrisch darstellen soll: Der Bruder will mit seiner Schwester noch nachts in die Bar gehen, um richtig abzufeiern, doch deren Mann ist dagegen. Das hört sich auf Berlinisch etwa so an:

Die Edeltraud der ihre Atze
will inne Bar bis früh um vier.
Dem seine Schwelle zieht 'ne Fratze,
denn der ihr Oller sacht: Bleib hier!

Welche wunderbaren Varianten ergeben sich auch aus der eigenwilligen Konjugation von Verben! Man nehme zum Beispiel »haben« mit der schönen Wortkette: habick, haste, hatta, hatse, hattet, hamwa, habta, hamse. Schöne Verse lassen sich hier drechseln:

Da is'n Loch, wo einst'n Stamm war.
Habt ihr den Baum jefällt? Ja, hamwa!
Nun steht se da und hat 'ne Glatze.
Hat se sich selbst rasiert? Ja, hat se!
Den janzen Abend ihr Jeschnatter!

Hat er sich fortjemacht? Ja, hatta!
Die Wolken ham die Welt verschattet.
Und hat's jerejnet? Ja, Mann, hattet!

Das Berlinische wimmelt von knappsten Fragen und Ausrufen.
Ich denke an: »Wat'n?«, »Wie'n?«, »Is'n?« und »Wat soll'n dit?«
Diese lassen sich wunderbar lyrisch einsetzen:

Der Tach is rum, ick fühl ma knülle,
sauf ma de Birne voll mit Sprit.
Du kiekst ma an durch deine Brülle
und frachst ma: »Ej, wat soll'n dit?«
Die doofe Karre hat'n Platten.
Da stehn wa nu mit unsern Jlück
und komm nich weg. Doch du sachst: »Wat'n?
Da loofen wa dit kleene Stück!«

Und dann diese seltsamen Berliner Laute, hinter denen Außen-
stehende den Sinn oft nicht erkennen, zum Beispiel »Oogen«
(statt Augen – manchmal auch »Ooren«) und »Oan« (statt
Ohren). Hier schafft erst der Reim Klarheit:

Hast de Tomaten uff de Oogen?
Bist inne S-Bahn du jeborn?
Du lässt de Tür uff, unjelogen,
Und ick? Ick krieje schlimme Oan!

Auch aus den typischen Berliner Zeitformen à la »war jewesen«
und »hamwa jemacht jehabt« kann man Schönes produzieren:

Mann, wo war ick nur jewesen?
Hab jemacht jehabt am Tresen
Schulden, eene janze Latte,
weil viel Durscht jehabt ick hatte!

Morjens früh beim Schlächter war ick,
Knast jehabt ick hab, det saar ick!
Eeen Stück Fleesch, janz kleen, mit Knochen,
hab jeschonken ick jekrochen!

Letzteres ist übrigens eine Berliner Wendung, die ich von meinem Opa gelernt habe.

Und für eines der wohl wichtigsten Wörter des Berlinischen
– nämlich »icke« – könnte vielleicht folgender Vers stehen:
Die Worte Brücke, Stücke, Krücke,
ooch Stricke, Blicke und – naja –
ooch Zicke reimt sich voll uff Icke.
Komm, Alta, ej. Da kiekste, wa!

· · · · · · · · · · · · · · · · · · · · · · · · · · · · · · · · · ·

## Sieben Mal um die Erde

Halleluja, Hurra, Schnätterätäng! Meine S-Bahn auf der Linie S3
fährt seit Montag endlich wieder durch, von Erkner bis West-
kreuz. Seit 12. Dezember 2011 hatte ich auf meiner Premium-
strecke in die Stadt täglich am Bahnhof Ostkreuz umsteigen

und treppauf, treppab trotten müssen. Nicht dass ich gejammert hätte. Aber es ging doch viel Zeit verloren.

Jetzt – fünf Jahre und acht Monate später – rollt die Bahn wieder durch. Ursprünglich hätten es vier Jahre sein sollen, das nur nebenbei. Man möchte trotzdem fast rufen: Schau aufs Ostkreuz, lieber Flughafen BER! Dann siehst du, dass auch irgendwann mal was fertig werden kann!

Ich habe gut 50 Jahre Geschichte der Erkner-Linie miterlebt. Als Zweieinhalbjähriger das erste Mal bewusst. Mit dem Kinderwagen fuhr man mich von Köpenick aus an einen geheimnisvollen Ort – »nach Berlin«! So nannten die Köpenicker die Innenstadt. Rund um den Alex liefen viele Leute umher, manche mit Fahnen, Trommeln und Trompeten. Das Ganze nannte sich Deutschlandtreffen 1964. Ich nannte es »Plumptabumm«.

Von da an wollte ich immer wieder da hin. Ja, ich bin es. Ich habe den Schlachtruf »Nach Berlin, nach Berlin!« erfunden. Er wurde erst viele Jahre später von den Schwaben übernommen. Doch irgendwann erkannte ich enttäuscht, dass nicht jedes Mal, wenn wir an den Alex fuhren, »Plumptabumm« angesagt war. Manchmal ging es auch nur ins langweilige Kaufhaus.

Die Gestalt der S-Bahn wandelte sich mit der Zeit. Ich kenne noch die Raucherabteile und Holzbänke. Der alte Mann, der die Fahrkarten knipste, verschwand irgendwann. Ebenso die blechernen Richtungsanzeiger, die der Zugabfertiger mit einer Stange ziehen musste.

Aber die Strecke ist geblieben. Auf ihr habe ich viele Geschichten erlebt. Obwohl das »Rostkreuz« knirschte, die Wagen, Gleise und Weichen vergreisten, wurde gefahren. Wenn die Türen einfroren, wurden sie eben freigekloppt. Ich bin mit meiner ersten

Liebe in dieser Bahn gefahren. Mit der zweiten auch. Später dann mit Frau und Kindern.

Am 2. Juli 1990 erlebte ich den historischen Moment, als am Bahnhof Köpenick nicht mehr »Friedrichstraße« angezeigt war, sondern »Wannsee«. Die Strecke hatte sich mehr als verdoppelt. Seit fast 29 Jahre lang zuckle ich nun fast täglich auf ihr zur Redaktion. Es sind 18,3 Kilometer bis zum Alex. Und nach der Arbeit wieder zurück. Ich habe ausgerechnet, dass ich in dieser Zeit etwa 276.000 Kilometer gefahren bin. Oder, bildhafter gesagt: fast sieben Mal um die Erde.

Meine Frau bleibt angesichts dieser Rechnung ungerührt. Sie fragt nur: »Gibt's eigentlich auch einen Vielfahrer-Bonus? Wär doch 'ne Idee.« Ansonsten ist sie wohl die Einzige in dieser Stadt, die bedauert, jetzt in Ostkreuz nicht mehr umsteigen und treppauf, treppab laufen zu müssen. Sie sagt: »Das war doch ein Super-Fitnessprogramm.«

Naja, es gibt noch genug andere Bahnhöfe in Berlin, auf denen sie trainieren kann.

. . . . . . . . . . . . . . . . . . . . . . . . . . . . . . . . .

## Tapsen mit dem Monsterschuh

Wenn ich nachts mal raus muss, steige ich in einen klobigen Monsterschuh. Es ist eine Art mobiler Kunststoff-Gips, wenn man so etwas überhaupt sagen kann, mit Plastikschnallen und Klettverschlüssen. Mit dem schaffe ich es dann ohne Schmerzen aufs Klo.

Ein Arzt im Krankenhaus hat mir den Schuh verschrieben, um den Vorfuß ruhig zu stellen. Über ein Vakuumventil kann man das Ding übrigens aufblasen, dass es sich passgenau an den Fuß presst. Die Diagnose lautet: Marschfraktur. Oder, um ganz korrekt das medizinische Fach-Portal zu zitieren: Es handelt sich um »eine bei Rekruten eintretende Frakturierung im Bereich der Mittelfußknochen«. Kurz: ein Bruch durch Materialermüdung. Wie bei der Achse eines ollen Ochsenkarrens.

»Sorry, Doktor«, habe ich gesagt, »ich bin kein Rekrut. Ich sitze den ganzen Tag am Schreibtisch und marschiere nicht über den Kasernenhof. Schon in meiner Grundwehrzeit habe ich mich erfolgreich vor dem 25-Kilometer-Marsch gedrückt. Wie kann ich mir da den Fuß brechen?« – »Tja, mein lieber Patient, gucken Sie sich doch mal Ihre Füße an!« entgegnete er. »Da finden Sie von selbst die Antwort! Sie haben Plattbeene. Die könnte man direkt im Orthopädie-Lehrbuch abbilden!« Wenn man mit diesen Füßen zu viel herumlaufe, zumal in falschem Schuhwerk, könne man sich durchaus mal was brechen, sagte er. »Niemand von uns wird jünger.« Schon für diese weise Bemerkung war er sein Honorar wert.

Auf der Straße traf ich dann meinen alten Schulkumpel. Der starrte auf meinen grauen Monsterschuh und rief: »Ej, du willst wohl ooch zur ISS. Wo haste denn den Rest des Raumanzugs jelassen?« Daraufhin schmiss er sich weg vor Lachen.

Dummerweise hatte ich den Schuh ja wirklich kurz vor dem Start des elften Deutschen ins All bekommen. Alexander Gerst ist, wie man weiß, jüngst mit einer russischen Rakete zur Internationalen Raumstation ISS geflogen. Sein Raumanzug für Außenbordeinsätze sieht ein bisschen so aus wie mein Schuh, nur eben in der Ganzkörpervariante.

Nun gleitet unser All-Deutscher da oben sanft durch die Schwerelosigkeit. Seine Knochen schweben federleicht mit ihm herum. Währenddessen teste ich hier unten weiter die Erdanziehungskraft. Ich spüre bei jedem Schritt, dass unsere Füße einst Hände waren, mit langen, zarten Knochen. Mit ihnen schwangen sich unsere Vorfahren von Ast zu Ast. Und heute latschen wir darauf herum. Irgendwas ist da schiefgelaufen.

## Neusprech versus Berlinisch

In einem Berliner Bezirk fällte man jüngst 20 große, kerngesunde Bäume, die dem Besitzer eines Grundstücks im Weg standen. Bürger protestierten, und sie erhielten die Antwort, es handle sich um eine »Erneuerung der Baumgruppe«.

Da war es wieder: Der Begriff für einen noch gar nicht gewissen Prozess, eine eventuelle Neupflanzung, wird vom Amt ganz selbstverständlich für den Akt des sinnlosen Fällens verwendet. Ein klarer Fall von Neusprech.

Newspeak – dieser Begriff stammt aus George Orwells Roman »1984« und bedeutet die Verwandlung der Sprache in ein Instrument, mit dem man Dinge neutralisieren und beschönigen kann. Anstelle gefühlsbetonter Wörter wie schlecht oder mies sagt man einfach: ungut, plusungut oder doppelplusungut. Ungutdenkvoll sein, also negative, kritische Gedanken zu haben, ist nicht nur für totalitäre Systeme gefährlich. Nein, auch für jede andere Gesellschaft, in der Leute unbehelligt von Kritik durchregieren wollen. Denn wenn Missstände klar benannt werden, gibt es Unruhe. Und mit der Sprache lassen sich die Dinge verschleiern.

Die Atommülldeponie heißt »Entsorgungspark«. Oh, ein Park – schattig und grün! »Zeitkritisch« bedeutet nicht mehr wirklich »zeitkritisch«, also den gegenwärtigen Zustand kritisierend. Sondern es soll ausdrücken, dass die Zeit für irgendwas knapp wird. Also, macht schnell, hopp, hopp!

Und so geht es immer munter weiter.

Im Folgenden nun zur Illustration des Ganzen die Rede eines Hausmeisters in zwei Varianten: in modernem Neusprech und in berlinischer Übersetzung:

Neusprech: »Ich verwirkliche mich als Facility Manager in einem Wohnpark. Davor war ich als Klarsichttechniker tätig, aber als solcher konnte ich mein Potenzial lediglich suboptimal entfalten.«

Berlinisch: »Ick bin Hausmeesta in so 'nem Prolo-Jetto. Früher war ick Fensterputzer, war aber'n echter Scheiß-Job.«

Neusprech: »Ich hatte ein Fördergespräch beim Management, wo ich endlich einmal ausführliches Feedback zu meinen Leistungen bekam. Ich erfuhr, ich sei eine dynamische Persönlichkeit, der Typ des Generalisten. Auch meine kreative Buchführung wurde erwähnt. Man gab mir Einblick in den negativen Ertragsüberschuss des Unternehmens und in die Planungen zum Outsourcing des Facility Managements. Ich bin dankbar für die damit verbundene Entscheidungshilfe.«

Berlinisch: »Mein Boss, der Knallkopp, hat ma zu sich jerufen und ma rund jemacht wie'n Buslenker. Ick wär faul, vorlaut und weeß imma allet besser, hatta jeschrien. Ick hätt von nix 'ne

Ahnung. Außerdem hat er Wind bekommen, dass ick bei die Bücher trickse. Au weia! Dann hatta jetobt: Hier wär sowieso bald Sense, die Verluste wärn riesich, der janze Laden würd dichtjemacht. Den übernimmt jetzt 'ne private Hausbesorjerfirma. Ick bin so wat von sauer!«

Neusprech: »Nun stelle ich mich neuen Herausforderungen. Ein Rückbau des Wohnparks ist angedacht, derweil warten andere Betätigungsfelder auf mich. Ich bilde mich in den eigenen vier Wänden politisch weiter, orientiere mich zu Themen wie Diätenanpassung oder den Abbau von Subventionen und Steuervergünstigungen.«

Berlinisch: »Ick sitz jetz su Hause und sauf. Die Bruchbuden wern sowieso bald abjerissen. Wozu braucht's da noch'n Hausmeesta? Ick glotz den janzen Tach in de Röhre. Dort erzähln se, det die Abjeordneten den Hals nich voll jenuch kriejen. Aba dem armen Mann in de Tasche greifen, dit könnse!«

Neusprech: »Dank der progressiven Preispolitik bin ich in der Lage, Easy Shopping zu betreiben. Schmackhaftes Separatorenfleisch kommt bei mir frisch auf den Tisch. Ich sehe keinen Grund zur Besorgnis.«

Berlinisch: »Allet wird teurer, ick muss ma Sachen uff Raten koofen und Schlachtabfälle fressen. Aber mir is eh allet ejal.«

Neusprech: »Nun fliege ich Last Minute in die lang ersehnten Erlebnisferien. Der Reiseprospekt offeriert mir ein idyllisches Familienhotel mit Luxus-Suite im griechischen Stil und Meeresblick. Wellness und kulinarische Genüsse – das habe ich mir verdient.«

Berlinisch: »Ick hab meen letztet Jeld zusamm'jekratzt und sitze im Fliejer – dit billichste Anjebot inne Tasche: een abjewracktet Hotel, wo de Blaren rumtoben. Billijet Zimma mit

Bett, Tisch und Stuhl. Und irjendwo hinta die Mauer dit Meer. Aber ejal: Ick werd fressen und saufen, bis ick platze. Nix solln se haben!«

. . . . . . . . . . . . . . . . . . . . . . . . . . . . . . . . . . . . .

## Nee, du vadämfst ooch!

Wieder einmal fahre ich nachts mit der S-Bahn durch Berlin und sitze dummerweise einem Pärchen gegenüber, das die größten Dinge des Universums verhandelt, statt sich still bei den Händchen zu halten und zärtlich rumzuschnäbeln. Beide sind etwa Mitte 20. Und sie erklärt ihm gerade – aus welchem Anlass auch immer –, dass der Mensch mit seinem Tun die Umwelt kaputt mache.

»Naja, die Umwelt kann dit eijentlich vakraften«, entgegnet ihr Partner, während ich mich bequem auf meinem Sitz zurecht-rücke.

»Und die Tiere, die sterben?« fragt sie.

»Die ham Pech jehabt«, sagt er, »es sind schon imma Tiere ausjestorm. Aba der Mensch wird ooch aussterm.«

Sie fragt, wann das seiner Meinung nach geschehen werde. Offenbar scheint ihr Vertrauen in die männliche Allwissenheit noch grenzenlos zu sein. Er runzelt die Stirn. »Ick gloobe, dit dauert nich mehr lange«, sagt er und setzt hinzu, dass es wohl ein Meteorit sein werde, der die Menschheit auslösche, so wie die Saurier damals.

»Man denkt ja imma, man kann so een Meteoriten vorher sehn. Aba dit is jar nich so. Viele entdeckt man vorher übahaupt nich. Die sind ja ooch nich beleuchtet. Da kann jeden Tach eena komm.«

In mir windet sich der Wissenschaftsredakteur, weil der junge Mann nicht den Unterschied zwischen Asteroiden und Meteoriten kennt. Solange das Ding im All ist, ist es auf alle Fälle noch ein Asteroid. Aber egal. Ist ja nicht meine Party.

»Und was passiert dann?« fragt sie. »Allet vadämft.« – »Wie vadämft?« – »Na, allet vadämft.« – »Und wie sieht das aus?« Offenbar hat sie dieses Wort noch nie gehört. Ich auch nicht. »Na, die Atmosphäre platzt auf wie 'ne Blase und is weg«, erklärt er. »Und ich?« fragt sie. »Du vadämfst ooch.« – »Echt? Und wie?« – »Na, du jehst hoch wie so 'ne Explosionswolke, und denn biste weg.« – »Und bleibt dann Asche übrig?« – »Naja, hinterher, so'n bisschen.«

Ein kurzes Schweigen. Ich lächle vor mich hin und zwinge mich, nicht einzugreifen. Denn nicht mal beim vermuteten Einschlag eines Asteroiden vor 66 Millionen Jahren ist die ganze Atmosphäre vadämft, obwohl infolge des Ereignisses die Saurier ausstarben.

»Und was ist, wenn nur ein Teil von mir vadämft?« fragt sie. »Nee, dit passiert nich. Du vadämfst janz.«

Beim Aussteigen in Köpenick wünsche ich dem Paar im Stillen noch eine harmonische Beziehung bis zum baldigen Impakt, also Einschlag. Dann trete ich leicht beduselt den Heimweg an. Und ich denke: Mensch, ein Teil deines Jehirns is vadämft!

# Der Betrug des Rotschwänzchens

Nicht nur Menschen, auch Tiere leben unter der Demokratie besser als unter einem Despoten. Das haben Forscher der englischen Universität Sussex herausgefunden. Sofort war meine Neugier geweckt, und ich sagte laut: »Aha, is ja interessant!« Die Forscher sind nämlich zu dem Schluss gekommen, dass der Mehrheitswille für das Überleben der Tiergruppe hilfreicher ist als die Entscheidung eines Anführers, und sei er noch so alt und erfahren. Die Forscher entwickelten ein Modell, das den Entscheidungsprozess unter Tieren offenlegt. Wie so etwas zum Beispiel in der Vogelwelt vonstattengeht, kann man sich sehr gut vorstellen:

Der Herbst nahte, und die Berliner Vögel fühlten den Drang, nach dem Süden aufzubrechen. So funktionierte es seit Jahrtausenden, wenn die Tage kürzer und kälter wurden. Die Route war klar, das Ziel auch.

Plötzlich piepste ein Vogel: »He, ick bin nich einverstanden, wie dit hier looft! Dit müssen wa erstma diskutiern.« – »Jawoll«, fügte ein anderer hinzu. »Wo bleibt'n hier die Demokratie? Warum solln wa denn imma wieda uff dieselbe Route flattern? Warum imma nach Afrika? Warum nich mal Honolulu? Neue Wiesen und Beeren kennenlernen. Lasst uns ma abstimmen!«

Der erfahrene, alte Anführer empörte sich. »Was soll'n dit jetze?«, rief er und klapperte mit dem Schnabel. »Unzufrieden, oder wat? Wir fliejen seit 'ner Ewigkeit nach Afrika. Ham wa schon immer so jemacht. Den Weg hab ick noch von meinem Vater und der von seinem Vater! Schluss mit dem Jepiepse!«

»Menno!«, riefen die Vögel: »Dit gloob ick jetz nich!« Und: »Wat für'n Despot! Wir machen da nicht mehr mit!« Sofort bildeten sie einen Vogelrat, um die künftige Route auf demokratischem Wege zu bestimmen. »Auf nach Amerika!«, riefen ein paar. »Die Beeren dort sind superlecker.« – Die Grünschnäbel schrien: »Um Himmels willen, die sind jespritzt! Wir fliegen nur in een Land, wo et Ökobeeren jibt!« Die Fraktion der VögelInnen schlug Krach: »Wir wolln nich imma hinten fliejen! Die Männer können sich ja ooch mal um die hungrije Brut kümmern.«

Ein unglaubliches Gepiepse, Geschnatter, Gezwitscher und Gekrächze war rings in den Bäumen zu hören: »Fünfprozentije Futtererhöhung!« – »Teilzeitfliejen erlauben!« – »Auch anders bejabte Flatterer fördern!« – »Mallorca-Bleiberecht für ältere Mitvögel!« – »Flugunfallversicherung jetzt!« – »Extra Parkbäume für lila, rosa und Transinterqueer-Vögel!«

Am lautesten gebärdete sich ein Rotschwänzchen, das es sonst immer nur bis in die Toskana schaffte. Es plusterte sich auf, fuchtelte mit den Flügeln und hielt eine große Rede, in der es allen alles versprach: den Ersten die saftigen Früchte in Amerika, den Zweiten die Sträucher voller Ökobeeren, den Dritten das Paradies in Honolulu, den Vierten absolute Flugsicherheit. Kein Wunder also, dass dieses Rotschwänzchen zum neuen Chef gewählt wurde.

Als die Züge sich formierten und in die Luft erhoben, war noch alles in Ordnung. Doch als sie eine Weile geflogen waren, merkten die Vögel – der innere Kompass zeigte es ihnen –, dass es nicht nach Amerika, Honolulu oder ins Ökobeerenland ging, sondern wie immer in Richtung Afrika. Außerdem waren die Flugzeiten länger und es gab weniger Würmer und Körner, als ihnen versprochen worden war.

»Betrug!«, riefen die Vögel und ließen sich sofort aufgeregt in den erstbesten Bäumen nieder. Alle hackten auf dem Rotschwänzchen herum. Es sei an allem schuld, habe alle hintergangen, und überhaupt müsse man herausfinden, welchen Dreck es noch an den Schwanzfedern habe. Sie setzten einen Untersuchungsausschuss ein, dem ein ortsansässiger, alter Uhu vorsaß.

Nach langem Hin und Her, Federspreizen, Aufplustern und Leugnen stellte sich heraus: Das Rotschwänzchen hatte Geld vom alten Anführer genommen, damit es die Vögel trotz aller Versprechungen nach Afrika leitete.

Im Vogelrat schimpfte alles durcheinander. Wochenlang gab es kein anderes Thema als den Wahlbetrug. Längst war der Spätherbst herangezogen, und plötzlich hielten die Vögel in den Bäumen inne, schüttelten fröstelnd das Gefieder und merkten, dass sie den letzten Abflugtermin verpasst hatten. Panisch und kopflos flatterten sie auf. Nach Afrika! Nach der Toskana! Nach sonstwohin! Doch die meisten schafften es nur bis nach Hütteldorf in Wien, wo sie auf den Straßen trockene Weckerlkrümel essen mussten, die ihnen mitleidige Leute hinwarfen. Und wenn sie nicht gestorben sind, dann haben sie Glück gehabt.

## Das ungeschickte Entchen

Ein Freund aus Spandau erzählte mir, dass es dort vor 100 Jahren – vor der Eingemeindung nach Berlin – noch keine Kanalisation gab. Also kamen Leute aus dem Umland und fuhren die Gülle ab. Und diese Leute, die da mit ihren Wagen kamen, sprachen Platt, sagten Dinge wie »Giv mi mal dat Fass!« Sie berlinerten also nicht, so wie man es heute in Brandenburg tut. Und tatsächlich: In einem Buch, das mir ein netter neuer Bekannter schenkte, fand ich eine Liste, die zeigt, das an vielen Orten des heutigen Berlin um 1880 noch Niederdeutsch geredet wurde.

Man weiß ohnehin, dass das Berlinische von ganz verschiedenen Einflüssen geprägt ist: dem Platt (»ick, »wat«, »det«), dem Obersächsischen (»scheen«, »Beene«, »jrießen«), dem Französischen (»aus de Lamäng!«, »uff'n Kiewief«), dem Jiddischen (»Maloche«, »Zoff«, »Mischpoke«).

Auch skandinavische Einflüsse sollen darunter sein. Und zwar in der Mehrzahlbildung, bei der man an Worte einfach »-er« anhängt. Berliner sagten früher: »der Rest – die Rester«, »der Dreck – die Drecker«, »det Aas – die Eester«, »det Stick (Stück) – die Sticker«. »Wie ville Blagen hat se denn?« – »Na, so Sticker siehm.« Und auch ich habe als Kind noch mit »Stöckern« (von »Stock«) gespielt. Und bis heute heißt es: »Wat sind'n dit für Dinger?«

Sprachforscher behaupten allerdings auch, diese Formen seien über Süddeutschland gekommen, wo es in bestimmten Gegenden typisch sei, dass man Äster, Bäumer, Bächer, Hälmer,

Türmer, Wichter oder Gerichter sage. Das Berlinische ist eben eine einzige Suppe.

Apropos Französisch. Mitunter kann es zu lustigen Missverständnissen kommen. Einmal waren wir mit den Kindern essen, und auf der Speisekarte stand: »Tranchen von der Ente«. Gemeint war die »Tranche«, also Scheibe. Aber meine Tochter sah ein kleines, etwas ungeschicktes, traniges Entchen vor sich, eben ein kleines Tranchen. Es wackelte den anderen Enten hinterher und war viel zu langsam. Deshalb wurde es gefangen und landete auf dem Teller. Was wiederum keine so schöne Geschichte ist.

## Von Ferden und Ssiegen

Gestern lief ich an einem Friseurgeschäft vorbei und sah im Schaufenster ein Schild, auf dem jemand offenbar eine Alliteration hatte erschaffen wollen. Er war dann aber am letzten Wort gescheitert. Ich las: »Frische Frisuren für Freizeit, Feier und Beruf«. Aua! dachte ich (denn ich bin eine Sprachmimose): Das ist ja fast so wie »Fischers Fritze fischt frische Karpfen« oder »Acht alte Ameisen aßen am Abend Schokoladenpudding«.

Dabei wäre ein »F«-Wort möglich gewesen. Man könnte »Factory«, »Fachschule«, »Fakultät«, »Frondienst« oder »Feldarbeit« schreiben. Aber niemals was mit »B«.

Der Berliner spielt gern mit der Sprache. Das habe ich ja schon manchmal erzählt. Er weiß instinktiv, dass er mit verkorksten Lauten viel Kreatives anstellen kann. Zum Beispiel damit, dass er »Pf«, »F« und »V« sprachlich nicht unterscheiden kann. So entsteht dann der schöne Spruch: »Firrzehn Ferde fressen fünf Fund Fannkuchen, du Feife!«

Mancher spricht statt des »Z« auch noch immer das schöne Berliner Zischel-S: »Ssehn ssahme Ssiegen ssogen um ssehn nach Ssehn ssum Ssoo«. Berliner erschaffen auch gerne Lautalternativen, um den eigentlichen Sinn eines Begriffs zu betonen. Mein Opa sagte manchmal »Jumminastik« statt »Gymnastik«. Denn man braucht ja für solche Verrenkungen vor allem elastische Gelenke. Oder er sagte »Zanktippe« statt »Xanthippe«, wenn es um eine streitbare Bekannte ging.

Berliner Opernbesucher machten einst den »Freischütz« zum »Schreifritz«, den »Rigoletto« zum »Riegelotto«. Und meine Frau, auch eine Urberlinerin, sagte neulich scherzhaft zu mir: »Ick muss dich leider marsriejeln« – statt »maßregeln«. Werde ich dann mit Marsriegeln beworfen oder totgefüttert? Ich hab's nicht darauf ankommen lassen. Mein Kopf macht übrigens niemals Pause, wenn es um Sprachspielereien geht. Jüngst ging ich an der Spree entlang und sah am Häuschen der Reederei Riedel eine Gruppe älterer Radfahrer mit Helmen, die sich die Abfahrtzeiten der Dampfer anguckten. Sofort fiel mir der dämliche Spruch ein: »Radeln im Rudel zur Reederei Riedel«.

# Klebrige Tipps für mehr Happiness

Glück, was ist das? Es sind Momente, die man bewusst genießt. Zum Beispiel, wenn man in einer Sommernacht auf dem Balkon sitzt, ein Gläschen Wein trinkt und sich den lauen Wind um die Nase wehen lässt. Dafür braucht es keine einzige der unzähligen Glückstheorien, die Bücherschränke füllen.

Kürzlich sind mir die Tipps eines sogenannten Happiness-Instituts in die Hände gefallen. Es wurde von der Herstellerfirma einer schwarzen Limonade ins Leben gerufen, die glaubt, nicht nur ihre klebrige Brause unter die Leute bringen zu müssen, sondern auch Glückstipps. Einer lautet, dass man in seinem Leben mehr lachen sollte. Wow! Welch eine Erkenntnis!

So schlagen die Happiness-Experten vor: »Erzählen Sie ein für Sie ungutes Erlebnis einem Freund – lassen Sie dabei den Buchstaben ›S‹ weg!« Coole Idee. Ich erzähle dann also meinem alten Schulkumpel: »Tell dir vor, wa mir getern pa-iert it. Al ich die Tufen zur Bahn hochrannte, tolperte ich und türzte auf den Bahnteig. Dabei habe ich mir den Teiß getoßen.« Klingt nach einem dreijährigen Kind und macht garantiert super glücklich.

Die Limonaden-Fritzen raten auch: »Schaffen Sie daheim Büroatmosphäre!« Eine Studie der Pennsylvania State University habe nämlich ergeben, dass viele Menschen bei der Arbeit entspannter seien als zu Hause. Warum auch immer. Hab vorher noch nie was davon gehört.

Gut, das könnte ich aber durchaus einrichten.

Im Wohnzimmer installiere ich mein Chefbüro. Tagesbeginn für die Familie ist neun Uhr, Morgenkonferenz in der Küche.

Anschließend: konzentrierte Tätigkeit in den Bereichen Flur (Inventur der Staubflusen), Bad (Zählen der Fliesen), Balkon (Besprechen der Geranien), Arbeitszimmer (An- und Ausschalten der Computer). Punkt 17 Uhr: Auswertung. Die Glücksmomente werden da kaum noch zu zählen sein.

Der nächste Tipp: »Essen Sie sich happy!« Oh ja, das könnte ich mir gut vorstellen. Dicke Menschen sind ja immer so glücklich. Ich räume also das Bürozeug aus dem Wohnzimmer und errichte ein riesiges Büfett mit Keksen, Schokolade und Kuchen. Die Glückshormone fließen dann bald sirupartig durch unsere Adern.

Mal ehrlich: Wer finanziert denn solch einen Quatsch? Beim Lesen all dieser Glückshinweise verpasst man die besten Momente. Unter anderem jene auf dem nächtlichen Balkon. Bei denen man einfach nur dasitzt, atmet und in den Himmel guckt. Mehr nicht.

## Am hellerlichten Tach!

Manchmal ist mir das Berlinische schon echt peinlich, obwohl ich es eigentlich liebe. Beispiel: An der Schönhauser Allee steht ein abgerissener Mann mit Rucksack und bellt die Autos an: »Eh, da kommt'n Merzeedis. Sswee alte Knacker drin. Ob die ma mitnehm? Eh, nehmt ma mit! Ihr Vööjel.« Das Auto zieht vorbei, und der Rucksacktyp hopst umher, streckt die Zunge raus und zieht Fratzen in Richtung des Autos. Warum, fragt man sich. Warum ist der Berliner manchmal so assig?

In bestimmten Situationen versteht man durchaus warum, und ist trotzdem unangenehm berührt. Beispiel: In die S-Bahn steigt eine ältere Frau mit Plastiktüten ein. Ihre offenbar behinderte, bereits erwachsene Tochter steuert auf die Abteile am Ende des Wagens zu, leicht geschubst von der Mutter. Doch in den Abteilen liegen, lang auf den Bänken ausgestreckt, zwei Männer, total besoffen. Die Tochter kehrt zurück, die Mutter schiebt sie wieder auf eine der freien Bänke und schimpft laut: »Jeh rin da, dit is dein jutet Recht. So'ne Sauerei! Am hellerlichten Tach. Besoffene, pfui Deibel! Berlin wird imma schlimma! Strausberg-Nord! Uff diese lange Strecke! Mann-o-Mann! Un dit is Hauptstadt!«

»Recht hat se«, brummt ein Mann, der etwas weiter weg im Wagen sitzt. Doch die meisten Leute starren nur auf die Frau und begreifen nichts. Darunter Touristen, die das berlinische Geschimpfe offenbar nicht verstehen.

Die Tütenfrau schubst ihre Tochter wieder rein und meckert weiter: »Setz da! Dit is dein jutet Recht! Besoffene, am hellerlichten Tach! Da müsste mal de Polente durch, Fahrkarten kontrolliern!«

»Davon kriegen se ooch keene Wohnung«, sagt der Mann. »Nee, Wohnungen muss Merkel besorgen«, schimpft die Tütenfrau. »Die is dafür verantwortlich als Kanzlerin.« Neben mir sitzen zwei gut angezogene Frauen, dem Dialekt nach aus Süddeutschland, und schütteln die Köpfe. »Jaja, Merkel muss natürlich alles tun!«, sagt die eine spitz.

Die S-Bahn fährt in den Bahnhof ein. Einer der beiden Betrunkenen wacht auf und hört gerade noch, wie die Tütenfrau auf ihn schimpft: »So 'ne Sauerei!« Er taumelt auf die Frau und ihre Tochter zu und lallt: »Du auch Sauerei! Duuu! Alles Sauerei!« Und stolpert aus der Bahn.

Da fällt mir nur der Ruf ein, den meine jüngere Tochter bringt, wenn irgendwo ein Streit ausbricht: »Eh, Leute! Lieb sein!«

. . . . . . . . . . . . . . . . . . . . . . . . . . . . . . . . . . . . .

## Kalle zog's nicht an die Spree

Ich bin mal ein paar Tage rausgefahren aus Berlin und habe mir die ältesten Städte Deutschlands angeschaut. Jetzt weiß ich, warum die Römer vor 2.000 Jahren nicht weiter nach Osten gezuckelt sind, durch die dichten Wälder, vielleicht sogar bis an die Spree, um hier das großartige Berlin zu gründen, genannt Augusta Spreerorum. Während ich nämlich bei der Abfahrt in Berlin Pullover und Jacke trug, reichte mir im Moselstädtchen Trier ein T-Shirt völlig aus. Überall an den Hängen wuchs Wein. »Und ohne Wein, das sieh ein, / kann der Römer niemals sein«, dichteten meine Frau und ich.

Das pfälzische Speyer, eine weitere Station der Reise, beherbergt übrigens den ältesten Wein der Welt. Behauptet zumindest das Museum. In einer Amphore schwimmt ein braun-gelber, harziger Klumpen, darunter glänzt Flüssigkeit – 1700 Jahre alter Römerwein. Eine Verkostung gab es nicht. Die Folgen hätte eine Aspirin wohl nicht mehr weggezaubert.

Auch nach Aachen bin ich gereist und habe mich zunächst gewundert, warum sich Karl der Große – auf Berlinisch hieße er natürlich Kalle – vor 1.200 Jahren ausgerechnet dort niedergelassen hat. Schließlich regnet's in Aachen oft und es ist diesig.

»Typisch Öcher Wetter«, sagten unsere Gastgeber. Da hätte Kalle auch gleich nach Berlin weiterwandern können.

Doch dann roch ich an vielen Ecken der Stadt Schwefeldunst. Aus Brunnen plätscherte heißes Wasser, das aus tiefen Quellen heraufkam. Klar, dass sich der offenbar an Rheuma leidende Kalle hier niedergelassen hat. Und nicht in den kalten Sümpfen rund um die Spree.

Mittlerweile reisen wohl zehn Mal mehr Leute nach Berlin als nach Aachen. Heute braucht man ja, um Hauptstadt zu sein, auch keine heißen Quellen mehr. Heiße Luft reicht vollkommen aus. An Rheuma leidende Kanzler setzt man einfach in den Whirlpool – und fertig. In Berlin steht inzwischen auch so einiges zum Angucken herum, das mit dem Handy fotografiert werden kann.

Die Sitte, ständig sein Handy für Fotos zu zücken, stammt übrigens auch nicht aus Berlin. Sondern – man ahnte es bereits – ebenfalls aus Aachen. Das begann so: Seit dem Mittelalter wandern alle sieben Jahre Tausende Pilger nach Aachen, um zu sehen, wie im Dom die Heiligtümer des Marienschreins präsentiert werden, darunter die Windeln und das Lendentuch von Jesus. All das ist Glaubenssache, gewiss. Aber was kann man in Berlin schon anbeten? Die Latschen von Jesus? Schön wär's. Aber es ist höchstens der von Tabak verschmierte Rock des Alten Fritzen.

Die Pilger im Mittelalter hielten Spiegel hoch, um die Strahlung der Reliquien einzufangen. Es muss ausgesehen haben wie bei heutigen Rockkonzerten. Eine Riesenmenge Verzückter hielt Tausende mittelalterlicher Handys in die Höhe. Zwar war anschließend darauf nicht viel zu sehen. Meine aktuellen Reisebilder dagegen verstopfen die Computerfestplatte. Das nächste Mal nehme ich einfach einen Spiegel mit. Die schönsten Dinge lassen sich ohnehin nicht mit dem Handy einfangen.

# Der ewige Kampf um die Bettdecke

Was die Bettdecke betrifft, bin ich sehr empfindlich. Ich sage das nur, weil es in vielen Kolumnen um nächtliche Aktivitäten – in Bars oder Clubs – geht und selten um die Hauptbeschäftigung des Durchschnitts-Berliners: das Schlafen. Dessen Qualität hängt entscheidend vom Bett-Equipment ab.

Lange Zeiten menschlicher Zivilisation mussten vergehen, bis eine für mich akzeptable Bettdecke gefunden wurde. Ich weiß zum Beispiel nicht, wie ich im Mittelalter unter Fellen hätte schlafen sollen, die nicht nur gestunken haben, sondern auch talgig und schwer waren.

Gott sei Dank gibt es heute Hightech-Decken, die im Weltall von schwebenden Elfen getestet wurden. Ich kann sagen: Ich bin zur rechten Zeit geboren. Denn an die dicken Federbetten der Generation meiner Großeltern kann ich zum Beispiel überhaupt nicht denken, ohne Anflüge von Hitzewallungen zu bekommen. Diese Decken lagen wie ein riesiger Berg auf dem Schläfer. Man konnte sich nicht einkuscheln, man schwitzte, und wenn der Berg wegrutschte, fühlte man sich wie in der Arktis.

Überhaupt, Federn! Neulich hat die Stiftung Warentest 14 Bettdecken getestet. Bei einer 500-Euro-Decke verrutschte und verklumpte schon nach dem ersten Waschen das ganze Federgelumpe. Hinzu kommt, dass nur wenige Anbieter wirklich belegen konnten, woher ihre Federn stammten. »Lebendrupf« in polnischen Gänse-Farmen heißt das Gruselwort.

Womit ich auch Probleme habe, sind diese Doppeldecken, wie man sie auf Reisen oft findet, unter denen man gemeinsam mit der Partnerin schläft. Wenn man überhaupt schläft. Denn wenn sie an ihrer Seite zieht, um sich schön einzurollen, liegen plötzlich auf der eigenen Seite die Gliedmaßen frei. Ich habe schon manchmal unter der steifen Tagesdecke geschlafen, um eine Decke für mich allein zu haben.

Auch dieses Decke-unter-die-Matratze-Gestopfe in Hotels hasse ich. Denn die Füße dürfen nicht runtergedrückt werden, sondern müssen locker liegen, damit man die Decke sanft um sie herumschlingen kann. Und es darf auch nicht wie im deutschen Staatshaushalt zugehen: Wenn man oben zieht, liegt unten alles frei. Nein, beide Körperenden, die Nasenspitze und die Zehen, müssen gut bedeckt sein. Unter einer 2,20-Meter-Decke geht da bei mir nichts.

Man sieht: Das Schlafen ist eine Wissenschaft. Und man kann sich auch mit anderen Dingen nächtelang beschäftigen als mit dem Saufen an der Bar.

## Liebesleid und Grippezeit

Der alte Marx schrieb einst, dass alle Geschichte sich zwei Mal ereigne – das eine Mal als Tragödie, das andere Mal als Farce. Dies fiel mir ein, als in der letzten Woche in Klink an der Müritz eines der größten ehemaligen DDR-Ferienheime gesprengt wurde. Hier machten einst auch viele Berliner Urlaub.

Ich war zwei Mal dort, das erste Mal mit meinen Eltern, zu Weihnachten 1977. Ich war fasziniert von den vielen Menschen und dass es hier alles unter einem Dach gab: Schwimmhalle, Sauna, Café, Restaurant, Bar, Sportanlagen.

Schon am zweiten Tag entdeckte ich ein Mädchen. Sie war vielleicht 14, ich 16 Jahre alt. Unsere Familien gingen stets zur selben Zeit in den Speisesaal. Ich fand es toll, wie sie lachte, wie lieb sie mit ihrem kleinen Bruder umging. Immer wenn ich sie sah, bekam ich Herzklopfen. Nach ein paar Tagen war ich restlos verknallt. Doch leider waren immer zu viele Leute um sie herum.

Endlich, zur Silvesterfeier, saß sie mit den Eltern in der Disko. Ich nahm allen Mut zusammen und forderte sie zum Tanzen auf. Wir wackelten verkrampft hin und her. Ihr Vater grinste komisch. Sie kaute Kaugummi und blickte irgendwohin, weit in die Ferne. Als ich nach einem Song weitertanzen wollte, guckte sie mich an wie ein Insekt und sagte in schönstem Berlinisch: »Nee, danke!«

»Ist doch keine Tragödie«, versuchte man mich später aufzumuntern. Doch, für einen 16-Jährigen mit Liebeskummer war es eine.

Und die Farce? Die kam 1993, als ich längst selbst Familie hatte. Wir fuhren für eine Woche nach Klink. Das Ferienheim hieß jetzt Müritz-Hotel. An der Tür empfing uns ein Page in roter Livree mit goldenen Schnüren. Ich fand's etwas albern, denn das Hotel selbst wirkte sehr »runtergerockt«, wie man so schön sagt. Man sah kaum Leute, nur einen Haufen Offiziere. Die Bundeswehr machte eine Tagung. Was für ein Urlaub!

Es war zugig und kalt. Plötzlich wurde ich krank, bekam 39 Grad Fieber, eine schlimme Grippe. Mehr tot als lebendig lag ich im Hotelzimmer. Vom Frühstück brachten mir meine Frau und meine kleine Tochter Tee und Weißbrot mit. Ich sehnte mich inbrünstig nach Hause.

Manche sind traurig, dass der Hotelklotz an der Müritz gesprengt wurde. Wegen der vielen schönen Erlebnisse, die sie hier hatten. Bei mir hält sich die Trauer in Grenzen.

## Der Berliner Bär ist fett und schwer

Das traurige Ende von Air Berlin ruft in mir die Erinnerung wach, dass ich schon einmal das Ende einer Fluggesellschaft erlebt habe, die das Wörtchen Berlin im Namen trug. Sie hieß Berline, gesprochen »Börlein«. Übrigens: Auch eine Pferde-kutsche, die im 17. Jahrhundert in Brandenburg gebaut wurde, nannte sich Berline – gesprochen wie man's schreibt. Erfunden hatte sie Philip de Chiese, der unterm Großen Kurfürsten diente. Aber das nur am Rande.

Die Fluggesellschaft Berline (»Börlein«) wurde 1991 von Mit-arbeitern der liquidierten DDR-Interflug in Schönefeld gegrün-det. Meine einzige Begegnung mit ihr hatte ich im Frühjahr 1994. Ich wollte mit der Familie nach Tunesien fliegen. Als der Bus uns über das Vorfeld zum Flugzeug brachte, rief ich: »Ick dachte, die fliejen jar nich mehr!« Denn da stand eine viermotorige IL-18.

Unter den Passagieren – viele von ihnen aus West-Berlin – machte sich leichte Panik breit, als sie erkannten, dass sie mit einem vor 40 Jahren entwickelten russischen Propellerflugzeug nach Afrika fliegen würden. Ein Mann beruhigte die Leute: »Aba von denen is noch nie eene runterjekommen!«

Die Maschine zog ihre Bahn durch die Wolken – mit lautem Gedröhn und Vibrationen. Aber sie lag ruhig und stabil in der Luft. Freundliche Stewardessen lasen uns jeden Wunsch von den Augen ab. Und als wir endlich in Tunesien ankamen, gab es viel Beifall von den Passagieren.

Leider erreichte uns dann mitten im Urlaub die Nachricht, die Berline habe Insolvenz angemeldet. Das Aus konnte zwar noch einmal abgewendet werden, aber nach Berlin zurück ging's bereits mit einer Boeing von Tunisair, bei der kurz vor dem Abflug noch ein Rad ausgewechselt werden musste. Dafür gab es Datteln und hübsche blau-weiße Plastikschälchen, von denen ich mir ein paar für zu Hause einsteckte. Wie ich taten es auch viele andere. Eigentlich hätte also diese Linie pleitegehen müssen. Aber es gibt sie bis heute.

Im Oktober 1994 folgte der endgültige Konkurs der Berline. Auch eine andere Linie mit Berlin im Namen – die Berlin European UK – existierte nur von 1985 bis 1990. Nun verlässt uns auch noch Air Berlin (1978–2017). Man könnte glauben, dass es was mit den Namen zu tun hat.

»Logisch«, ruft mein alter Schulkumpel, »der Berliner Bär is fett und schwer. Er kann also jar nich fliejen.« Doch diese Erklärung ist mir zu einfach. Schließlich haben andere Städte Löwen und Kamele im Wappen. Und geflogen wird trotzdem.

## Genau, genau, genau

Menschen haben Sprachmarotten. Ich erinnere mich, dass ein Kollege einst bei Telefonaten andauernd »Aaalles klaar!« sagte. Ein Bekannter wiederum sprach ständig von »Problematik«: »Die Problematik bei der S-Bahn is die janze Problematik mit den Züjen. Die ham einfach nich jenuch davon.«

Viele Leute nutzen bestimmte Wörter, um Sprechpausen auszufüllen und Sätze einzuleiten. Dazu gehört: »sozusagen«, »Fakt ist«, »wie auch immer«, »was weiß ich«, »jedenfalls« oder »wie gesagt«. Letzteres ist eine besondere Macke. Meist hat man nämlich noch gar nichts zu dem gesagt, was man gerade sagen will.

Vor Jahren beobachtete ich das Aufkommen der »Keine-Ahnung-und-so«-Pest bei Jugendlichen. Da sprach zum Beispiel ein Mädchen zum anderen: »Heut kommt meine Mutter und so. Gehn wa einkoofen, Schuhe und so. Keine Ahnung.« Dabei hatte sie doch eine Ahnung!

Sprachmarotten wandeln sich. Sie wandern durch die Generationen, bis sie irgendwann ins Nirgendwo verpuffen. »Keine Ahnung« haben heute viele Menschen. Auch andere Teenager-Marotten von einst haben sich unter den Älteren verbreitet. Den Ruf »Halloo? Geht's noch?« – vor Jahren noch Teenie-Protest gegen irgendwas – hörte ich neulich von einer älteren Bekannten. Es wirkte so, als wolle sie ihre 13-jährige Enkelin nachmachen – die natürlich heute ganz andere Dinge sagt, die wir Älteren noch gar nicht kennen.

Sogar kleine, unscheinbare Wörter können steile Marotten-Karriere machen. Das beobachte ich seit einer geraumen Weile beim Wörtchen »genau«. Man hört es überall, zum Beispiel, wenn jemand beim Telefonieren auf sein Gegenüber reagiert. Ständig heißt es: »genau – genau – genau«. Dabei gibt es verschiedene Varianten, je nachdem, wie man es betont:

»Genau«, kurz und knapp gesprochen, bedeutet meist: »Ja«, »Stimmt«, »Du hast recht«, »So machen wir's«. Weitere Möglichkeiten sind: »Genau« (am Ende betont, mit einem hohen Stimm-Bogen): »Ja, Mensch, so isses! Das wollte ich auch schon immer mal sagen.« – »Genau« (ironisch, mit tiefer Stimme am Ende): »Erzähl mal noch einen! Ich glaub dir nicht.«– »Genau« (von einem Lachen begleitet): »Haha, das ist witzig. Ich hab mich auch schon drüber amüsiert.« – »Genau« (in monotonen Abständen): »Red ruhig weiter, ich bin zwar dran, mache aber nebenbei was anderes.« Man hat auch schon erlebt, dass »genau« bei einem Vortrag als neues »äh« eingesetzt wird – zum Füllen von Gedankenpausen.

Bleibt, wie gesagt, zusammenzufassen: Die Problematik der Sprachentwicklung und so – keine Ahnung – ist sozusagen, jedenfalls, recht problematisch. Vielleicht auch nicht, was weiß ich. Genau.

## Das Loch in der Fliesenwand

Der Gang sieht noch genau so aus wie damals, nur schlimmer. Die Fliesen an den Wänden sind schmutzig-gelb, der rotbraune Estrich-Fußboden bröckelt. Vor 30 Jahren trat ich in diesem Gang des U-Bahnhofs Jannowitzbrücke meinen ersten Kurztrip in den Westen an.

Jahrelang war ich als Lehrling an der Jannowitzbrücke ausgestiegen – damals ein reiner S-Bahnhof. Ging ich die Treppe hinunter, blickte ich auf eine glatte Fliesenwand. Ich ahnte nicht, dass sich dahinter ein riesiges Schattenreich verbarg.

Dann kam der 9. November 1989. Ich war inzwischen Journalist. Am Morgen dieses Tages wurde meine Tochter geboren – ja, auch sie wird jetzt 30! Am Mittag stritten wir in der Redaktion über Reformen in der DDR, am Abend fiel die Berliner Mauer – ein bisschen viel für einen Tag. Es dauerte auch ein kleines Weilchen, bis ich selbst zum ersten Mal auf die andere Seite fuhr.

Hätte mir ein paar Jahre zuvor jemand gesagt: »Pass ma uff, die Russen wollen, dass du im Sternenstädtchen für einen bemannten Mondflug trainierst«, hätte ich das eher geglaubt als den Satz: »Bald wird die Berliner Mauer fallen, und du wirst ganz normal nach West-Berlin und wieder zurückfahren können.« Denn West-Berlin, das lag für einen, der im Jahr des Mauerbaus geboren worden war, weiter weg als der Mond.

Und dann war plötzlich diese Fliesenwand auf dem Bahnhof Jannowitzbrücke offen. Von einem Tag auf den anderen. Man sah eine Tür, eine Treppe, die in die Tiefe führte. Ein Schild wies die Richtung: nach »WB«, also West-Berlin. Ungeheuerlich! In einer Mittagspause verließ ich meine Redaktion, um es mal zu versuchen. Mir war beklommen zumute, als ich Jannowitzbrücke die Treppe hinabging. In dem mir völlig fremden Gang, auf dem rotbraunen Estrich, hatten Grenzsoldaten Tische aufgebaut. Jemand knallte mir ein Visum in den Ausweis, und durch war ich. Auf einem mir fremden Bahnsteig stieg ich in eine mir fremde U-Bahn mit Reklameschildchen. Sie fuhr nach Paracelsusbad. Noch nie gehört. Ich rauschte vorbei an Geisterbahnhöfen: Weinmeisterstraße, Rosenthaler Platz, Bernauer Straße. Die alten Schilder und Aushänge zeigten, dass hier die Zeit 1961 stehengeblieben war. Voltastraße stieg ich aus. Mit wackligen Knien ging ich die Treppe hinauf. Als erstes fiel mir auf: Es roch ein bisschen anders, irgendwie süßlicher. Die Fassaden waren intakter, bunter. Ich wurde fast überfahren, als ein Auto heranschnurrte. So leise Autos war ich nicht gewöhnt. Ich fuhr dann – mutiger geworden – weiter bis Gesundbrunnen. Bei Woolworth bekam ich fast einen epileptischen Anfall angesichts der Masse an Waren. Draußen: ein Stand mit Apfelsinenbergen, Weintrauben und Ananas. Im November. Unfassbar! An einem Bäckerladen grübelte ich, warum man Brot »raffiniert beleuchten« muss, wie ich in mein Tagebuch schrieb. Überall ging's ums Geschäft. Die Allgegenwart der »Koofmichs« war mir noch fremd.

Als ich wieder in der Jannowitzbrücke gelandet war, sagte ein Grenzsoldat: »Lassen Se sich mal 'n neues Bild machen!« Ich trug Vollbart, mein Passbild im Ausweis noch nicht. Ich habe das irgendwann noch ändern lassen. Aber das Grenzregime wurde dadurch nicht gerettet. Auch nicht die DDR.

## Von Gier zerfressen

An einer Hauswand ganz in unserer Nähe hängt ein großes Plakat. Es wirbt für die Kammeroper »Schattenlos« im Köpenicker Schlossplatztheater, »die den Horror unserer von Gier zerfressenen Gegenwart mit neuen Tönen zum Klingen bringt«.

»Wat is'n dit für 'ne Werbung?«, fragt mein alter Schulkumpel, der sie auch gesehen hat. »Würdest du in so 'ne Oper jehn?« – »Weiß nich«, sage ich. – »Na, stell dir ma vor: klingender Horror 'n janzen Ahmt lang. So formuliert man doch keene Einladung. Davon ham die Leute doch schon am Taare jenuch!« – »Stimmt«, sage ich: »Aber manche brauchen's eben auch am Abend.« – »Und denn: von wejen neue Töne. Ick gloobe, inne Musik hat et schon alle Töne jejem. Jibt et nich schon 'ne Oper, wo se Katzen am Schwanz uffhängen? Und die müssen dann zu im Takt klappernden Mülltonnen jaul'n?« – »Ich glaube, so was gibt's nicht«, sage ich. »Wegen Tierschutz und so.« Bin aber jetzt neugierig geworden, was es wirklich so alles gibt.

Zu Hause schaue ich im Internet nach und finde tatsächlich eine Liste von Musikstücken, in denen Laptop, Kaffeekocher, Skateboard, Betonmischer und Staubsauger zum Einsatz kommen. Manche Stücke tragen Titel wie: »In großer Angst geschrieben« oder »...aus der Disco rasen und entsetzte Passanten fragen, ob sie Deutsche sind«.

Ich frage mich, welche Geräte am besten geeignet wären, »den Horror unserer von Gier zerfressenen Gegenwart« zum Klingen zu bringen. Gier und Gegenwart – da fallen mir erst einmal Bank- und Automanager ein. Man könnte also Hupen,

Motorengeheul, Blechcrash-Geräusche und das Klicker-Pling-Geratter einer Registrierkasse zusammenwerfen. Darauf könnte man Hohn-Gelächter mit Hyänengeheul legen. Das wäre zwar nicht neu, würde aber schöne Ohrenschmerzen erzeugen.

In der Oper »Schattenlos« soll es, wie ich lese, um eine an heutige Zeiten angepasste Neuerzählung von »Peter Schlemihls wundersamer Geschichte« gehen, in der Schlemihl seinen Schatten verkauft – gegen ein Säckchen voller Gold, das nie versiegt. Adelbert von Chamisso hat die Novelle vor 200 Jahren geschrieben. Gold kann man schön klimpern lassen. Das ist bekannt. Wie aber stellt man einen Schatten musikalisch dar? Vor allem, wenn er weg ist?

Naja, ich habe mir jetzt eine Opernkarte gekauft, um mir das Ganze mal anzusehen. Das nächste Mal folgt die Auflösung.

Apropos Werbung: Nicht nur Theaterleute, sondern auch andere werben mit starken Worten für ihre Produkte. Manche aber leider in grausam schlechtem Deutsch, wie ich gerade erleben musste. Da will mich jemand im Internet für ein Computerspiel begeistern, und zwar mit dem Spruch, dies sei »das am süchtig machendste Strategie-Spiel« des Jahres.

Am süchtig machendst? Das ist ja gruselig stimmendst! Da könnte man ja auch sagen: Der Sportler xy sei der am schnell rennendste Mann der Welt. Oder, auf unser Plakat angewendet: »Die Kammeroper bringt den Horror unserer am schlimm von Gier zerfressensten Gegenwart mit am neu klingendsten Tönen zu Gehör.« Und zwar haarsträubendst.

## Du hast ja'n Schatten

Neulich hatte ich hier etwas angekündigt. Nämlich, dass ich gleich bei uns um die Ecke ins Köpenicker Schlossplatztheater in die Kammeroper »Schattenlos« gehen würde. Dort wollte ich mir angucken, wie man »den Horror unserer von Gier zerfressenen Gegenwart mit neuen Tönen zum Klingen« bringen kann. So hatte es ein großes Plakat angekündigt. Ich ging also hin.

Zugegeben, ich hatte ein bisschen Bammel. Denn auf klingenden Horror stehe ich eigentlich nicht so. Ich gehöre zu denen, die bei Horrorfilmen in manchen Szenen den Ton wegdrehen, damit es nicht ganz so schlimm ist.

Das Theater liegt in einem prächtigen Bürgerhaus von 1888, zwischen Rathaus und Schlossplatz. Man staunt, dass ein so großer Saal hineinpasst. Einst befand sich hier der Ratskeller, später ein Kino. Und seit 1995 residiert in den Räumen das Schlossplatztheater – das ich übrigens zum ersten Mal besuchte. Scham über mich, zehn Kilo Asche auf die Birne und ab in die Ecke!

Wann begann nun der klingende Horror? Erst mal überhaupt nicht, denn ich wurde von der kleinen Theatertruppe sehr freundlich und gut gelaunt begrüßt, sodass ich mich gleich wie zu Hause fühlte. Es gab eine Bar. Die gut 50 Sitzplätze füllten sich nach und nach mit Leuten, die guter Stimmung waren. Ein sympathisches Familientheater!

Und dann fing es an. Das Stück drehte sich um einen Mann, der seinen Schatten verkauft – für einen nie versiegenden Sack Geld. Er wird den Menschen unheimlich, sie wenden sich von dem Schattenlosen ab. So erzählte der Dichter Adelbert von Chamisso vor 200 Jahren in einer Novelle. Diese wird nun kapita-lismuskritisch weitergesponnen. Der inzwischen reiche und angesehene Mann – Peter Schlemihl – begegnet eines Tages sei-nem Schatten, der ihn fragt, ob ihm denn ohne ihn nichts fehle. Nö, im Gegenteil, die Schattenlosigkeit mache einen erst inter-essant, lautet die Antwort. Manche Leute würden viel mehr als ihren Schatten verkaufen, um reich und mächtig zu werden. Es herrscht die Gesellschaft der Schattenlosen.

Und der klingende Horror? Naja, ganz so schlimm war es nicht. Aber: »Man muss et möjen«, wie der Berliner sagt. Vieles passierte elektronisch: Fauchen, Zischen, Blubbern, Vibrationen, Interferenzen, Sphärenklänge, die sich in die Höhe schraubten. Dann Passagen mit Cello-, Orgel-, Spinettklängen. Dazwischen das Geklimper von Saiten, über die Mäuse zu hopsen schienen. Dann wieder volksliedhafte Elemente, begleitet vom Klavier. Eine interessante Collage.

Wäre ich ein Musikkritiker, würde ich jetzt sicher mit Begrif-fen wie mikrotonale Musik und so weiter umherwerfen. Dann wäre ich aber auch der nervende Typ, über den Georg Kreisler einst böse sang: »Ich sitz auf dem ersten Platze / und die Sänger sehen meine Fratze!«

Die Sänger waren übrigens hervorragend. Man staunt, was man so alles mit menschlichen Stimmen machen kann. Ich hebe die beiden mal gesondert hervor: Nicolás Lartaun und Benoit Pitre.

Apropos Schatten. Später sprach ein Mann zu mir an der Bar: »Früher sachte man zu bestimmten Leuten: Der is so mickrich, der wirft ja nich mal'n Schatten!« Man kann es also auch anders sehen: der Schatten als Maßstab dafür, ob jemand überhaupt wahrgenommen wird. Je größer und mächtiger man ist, desto mehr Schatten wirft man – und verdunkelt damit alles um sich her. Ich höre aber jetzt auf rumzuspinnen, bevor meine Frau sagt: »Du hast ja selber 'n Schatten!«

· · · · · · · · · · · · · · · · · · · · · · · · · · · · · · · · · · · · ·

## Et jeht imma noch kürza!

Eine Lehrerin aus Marzahn schrieb mir. Sie erzählte, wie sie für ihre Klasse in der Grundschule an der Geißenweide ein Gedicht suchte. Und zwar für einen Rezitatorenwettstreit. »Es war nichts dabei, was einen vom Hocker riss«, schreibt sie. Dann stieß sie auf ein 16-zeiliges Gedicht auf Berlinisch, das einmal in dieser Kolumne stand. »Das war es!!!«, schrieb sie. »Die Kinder (5. Klasse) waren begeistert. Eine Schülerin mit vietnamesischem Migrationshintergrund machte das Rennen. Wir haben Tränen gelacht, so toll war sie.«

Berlinische Gedichte! Zum Tränen-Lachen reizend! Wie sehr habe ich mir so etwas früher in der Schule gewünscht. Zugegeben, es gab damals auch Berlinisches, etwa von Tucholsky. Aber ansonsten viele erhabene klassische Balladen mit gefühlten 200 Strophen zum Auswendiglernen. Nicht, dass mir das geschadet hätte. Meiner Frau und mir liefert das einstige Auswendiglernen bis heute gute Sprüche für jegliche Situation.

Wenn man zum Beispiel im Auto sitzt und die Kinder fragen »Wann sind wir'n endlich da?«, kommt wie aus der Pistole geschossen: »Noch zehn Minuten bis Buffalo« (Fontane). Wenn einer was kaputtmacht: »Wo rohe Kräfte sinnlos walten« (Schiller). Wenn man's beim Platzregen gerade noch so nach Hause schafft: »Erreicht den Hof mit Müh und Not« (Goethe). Wenn jemand was total verbummelt oder versemmelt hat: »Zu spät! Du rettest den Freund nicht mehr« (Schiller). Das Zitat ist zwar nicht ganz korrekt, denn bei Schiller hieß es »zurück!« Aber egal. Oft hat das Gehirn die klassischen Inhalte ohnehin seit Langem verkorkst.

Besonders schön finde ich aber die Kurzfassungen klassischer Gedichte, die sich irgendwann mal jemand ausgedacht hat und die man einfach lieben muss, wenn man Spaß an Sprachkomik hat. Schillers »Lied von der Glocke« – im Original mehr als 420 Zeilen lang – klingt dann auf Berlinisch so:

Loch inne Erde. Bronze rin. Jlocke fertich. Bim-bim-bim!

Goethes »Erlkönig«, im Original achtstrophig, hört sich so an:

Vata und Kind
reiten im Wind,
kommt een Mann,
quatscht se an,
ob der Kleene
nich mitkomm' kann.
Vater: Nee!
Kind: Weh-weh!
Vater nach Haus.
Kind tot, aus!

Als meine Tochter für die Schule das 62-zeilige Gedicht »John Maynard« lernen musste, stöhnte sie: »Boah, so lang!« Fontane beschrieb, wie ein Schiff namens »Schwalbe« auf dem nordame-

rikanischen Erie-See zwischen Detroit und Buffalo in Brand
gerät. Und wie der Steuermann John Maynard alle Passagiere
rettet, indem er trotz des Feuers am Steuer aushält und das Schiff
in letzter Minute an Land setzt.

Ich habe jetzt eine Kurzfassung dazu gemacht. Sie geht so:

> Dampfer reist.
> »Schwalbe« heißt.
> Dampfer brennt.
> Alles rennt,
> jault und schreit.
> Land noch weit.
> Steuermann
> alle Mann
> führt aus Not.
> Selber: tot!

Meine Tochter schrieb mir dazu: »Haha. Sehr schön. Das hätte
Generationen von Schülern so viel Auswendiglernerei erspart.«

Ich habe inzwischen Spaß daran gefunden, Kurzfassungen
von Werken zu gestalten. Zum Beispiel zum Roman »Robinson
Crusoe«. Der hört sich jetzt so an:

> Seemann strandet,
> voll versandet,
> auf 'ner Insel.
> Armer Pinsel!
> Schlägt sich wacker
> mit Geracker
> dreißig Jahre.

Bart und Haare
sind verfettet.
Dann: gerettet!

Auch neuere Werke kann man auf diese Weise schön zusammenfassen, wie etwa den Film »Titanic«, wie folgt:

Jungfernfahrt.
Eisberg, hart!
Mann und Maus,
alles raus!
Rose liebt Jack.
Gluck, gluck,
Jack weg!

Oder auch den offenbar sehr beliebten Erotikfilm »Fifty Shades of Grey«. Der geht so:

Ne Studentin
sich verrennt in
Typ mit Kohle.
Es folgt hohle
Fesselstory.
Also sorry!

## Bald kommt die Weihnachtsfrau

»Eigentlich darfste dir heute jar nich mehr über so wat lustig-machen«, sagt mein alter Schulkumpel. »Kriegste ja gleich een an de Bommel!« Mit »so wat« meint er eine Meldung des Berliner Studentenwerks, das sich neuerdings Studierendenwerk nennt und unter anderem für studentische Nebenjobs zuständig ist. Seit Jahrzehnten vermittelt es Weihnachtsmänner und Weihnachtsengel – für Feiern in Firmen und Familien. Jetzt hat es mitgeteilt, dass künftig auch »als Weihnachtsfrau verkleidete Studentinnen« auftreten sollen. Der Grund: Die Nachfrage nach Weihnachtsmännern könne nicht gedeckt werden. Es gebe zu wenig jobbende Männer.

»Dit is doch Blödsinn«, sagt mein Schulkumpel. »In dieser Stadt loofen doch jenuch Weihnachtsmänner rum.« – »Ja«, antworte ich, »manche haben von Natur aus finstere Gesichter und lange Bärte. Aber viele davon studieren gar nicht. Und kriegen auch keinen Job beim Studentenwerk.« Dieses verfolgt übrigens mit den Weihnachtsfrauen eine Mission. Die mitgelieferte Geschichte lautet: Die Weihnachtsfrau sei ihrem Gatten schon immer behilflich gewesen. Nun gehe sie auch mit auf Tour, weil ihr Mann nicht mehr alles allein bewältigen könne. »Wir empfehlen die Buchung von weiblichen Rollen vor allem dann, wenn die Kinder noch sehr jung und ängstlich sind«, heißt es. Wenn ein offenes Gesicht auftauche und kein Mann mit weißem Bart, gebe es vielleicht weniger Misstrauen.

»Wat?«, ruft mein alter Schulkumpel. »Wenn die Kinder Schiss vorm Weihnachtsmann haben, soll'n die Eltern keen bestellen. Is die Bescherung jetzt schon 'ne Wohlfühlzone oder wat? Der Typ muss doch mit Hohoho, Stiebeln, langem Mantel, Bart, Jeschenkesack und Rute reinspazieren. Der muss doch Autorität ausstrahln.«

»Na klar«, rufe ich, »da haben wir's wieder. Sack und Rute – die letzte Bastion autoritärer patriarchaler Herrschaft! Hier der finstere Weihnachtsmann mit Macht und Autorität. Und dort das liebe Weihnachtsengelchen mit Flatterhemdchen und Flügelchen! Damit muss jetzt endlich Schluss sein! Super Idee mit der Weihnachtsfrau!« – »Jetzt machste dir aber lustig«, sagt mein Schulkumpel. »Pass uff, det de wejen deine Ironie nich een uff de Zwölf kriechst von die Dschända-Typen!«

»Was heißt Ironie?«, rufe ich. »Ich spinne den Gedanken einfach weiter.« Wenn man ihn konsequent zu Ende denkt, sind die alten Geschlechterrollen irgendwann völlig obsolet. Woher weiß man zum Beispiel, ob ein Weihnachtsmann oder eine Weihnachtsfrau vor einem steht? Vielleicht ist es weder das eine noch das andere. Wo bleibt der Raum für das Dazwischen? Sollte man nicht künftig einfach einen Unisex-Weihnachtsmenschen losschicken, in rotem Overall und bartlos? Und was wird mit dem Sandmann und dem Hampelmann? Braucht es nicht künftig auch eine Hampelfrau? Oder einen transinterqueeren Hampelmenschen?

»Dit is mir allet zu hoch«, sagt mein alter Schulkumpel. »Aber'n bisschen is wat dran an den Rollen. Wenn et schon 'ne Weihnachtsfrau jehm soll, denn darf se nich nur lieb und kuschlich sein. Denn braucht se ooch'n Sack und 'ne Rute. Und muss Sachen sagen wie: Ick habe jenau jesehn, det de deine Stullen wegwirfst, andere Kinder haust und im Laden klaust. Hohoho! Dit jefällt ma jar nich! Wenn de so weitermachst, kriegste im nächsten Jahr nischt! Und außerdem wat übajezoren.« – »Gut, das wäre ein Anfang«, sage ich. Er darauf: »Und denn braucht et ooch Weihnachtsengelchen mit Vollbart!«

## Alle Möwen heißen Emma

Am Geländer der Spree unweit der Jannowitzbrücke stehen zwei Männer und füttern Möwen. Der eine wirft Brotstückchen in die Luft, der andere hält eine Banane in die Höhe. Fressen Möwen Bananen? Offenbar nicht. Sie flattern umher, schimpfen und kreischen.

Ich weiß, dass Möwen in Berlin »Emma« heißen. So hat es jedenfalls einst mein Opa gesagt. »Emma! He, Emma! Kiek ma, ick hab hier wat Feinet für dich!« Wahrscheinlich stammt der Name aus Christian Morgensterns »Möwenlied«, das so beginnt: »Die Möwen sehen alle aus, / als ob sie Emma hießen. / Sie tragen einen weißen Flaus / und sind mit Schrot zu schießen.« Was natürlich in Berlin keiner macht. Dafür wird kräftig gefüttert. Zum Dank scheißt die Möwe dem Berliner beim Überflug auf den Kopf.

Berlin ist eine Stadt mit Kähnen, Dampfern, Booten und Immobilienfirmen, die Zugereiste für viel Geld zum Wohnen »am Wasser« oder »mit Wasserblick« animieren. Dabei ist das Quatsch. Jeder Berliner kann irgendwo am Wasser spazierengehen, sich ans Ufer setzen. Wohnen am Wasser heißt nur, dass man die längste Zeit des Jahres von seiner überteuerten Bude aus auf eine häufig bleigraue Fläche guckt, die unterschiedlich breit ist, je nachdem, wo man wohnt. Von dieser Fläche weht es kalt und neblig-klamm herüber. Man bekommt schon vom Zugucken Rheuma.

Wasser und Berlin – das ist eine stark vom Sonnenstand abhängige Beziehung. Im Sommer nehme ich täglich den Weg am Märkischen Ufer, lächle die Pärchen auf den Uferbänken an, laufe Slalom um die Leute, die auf den Dampfer warten, lausche den Jazzklängen vom Deckshaus des Schiffs »Jeseniky« am Historischen Hafen. Jetzt jedoch gehe ich ungern diesen Weg. Er ist sehr zugig. Der zurückgelassene Kram der Obdachlosen unter der Jannowitzbrücke wirkt tausendmal trostloser als sonst. Vor wenigen Wochen noch schauten unter der schmuddeligen Decke auf einer einsamen Matratze Wuschelköpfe hervor. Wo sind sie jetzt?

Wenn ich an Berlin am Wasser denke, erinnere ich mich auch an den Garten hinter dem Köpenicker Mietshaus, in dem mein Opa wohnte. Einst lernte ich hier am Steg schwimmen, mit dem Blick aufs Rathaus am anderen Ufer. Mein Vater erzählte, dass sich die Jungs in seinem Alter früher an die Seile der Schleppkähne hängten und eine Weile mitfuhren. Heute sieht man nur noch Schubkähne – also wo's hinten schiebt. Schleppkähne – wo's vorne zieht, mit kleinem Dampfer und an Seilen angehängten Lastkähnen – gibt's fast nicht mehr.

An den meisten Tagen des Jahres schaute ich auch vom Garten meines Opas aus auf eine bleigraue, trostlose Wasserfläche. In manchem Winter fror der Fluss zu. Einmal drückte das Eis den Steg einen Meter hoch aus dem Wasser. Man lief hinauf wie auf einer Abschussrampe. Es dauerte lange, bis irgendeine Firma die Pfähle wieder reinhämmerte.

Noch ist die kalte Jahreszeit nicht an ihrem Tiefpunkt angelangt. Wenn es auf dem Wasser immer kälter wird, flüchten sich auch die Tiere irgendwann in die etwas wärmeren Nebengewässer. Sogar die Kormorane zog es zuletzt in unser kleines Flüsschen Wuhle. Am Müggel- und Seddinsee, wo sie sonst leben, war es ihnen wohl zu ungemütlich geworden. Sie fischten im Fluss oder hockten auf den Bäumen. Am Ufer konnte man eines Tages einen Kormoran einträchtig neben einem Fischreiher stehen sehen. Sie sahen aus wie zwei Wanderer, die sich ausruhten: der eine mit schwarzem, der andere mit grauem Mantel.

· · · · · · · · · · · · · · · · · · · · · · · · · · · · · · · · ·

## Besoffen durch Eierkuchen

Ein vorweihnachtlicher Crêpe-Stand irgendwo in der Stadt. Ich hole mir hier öfter was mit Zucker und Zimt. Dieses Mal komme ich mit dem Mann hinterm Tresen ins Gespräch. »Na, Meesta, wie läuft's?«, frage ich. »Montach bis Mittwoch war't schlimm, aber jetzt jeht's wieda«, sagt er. »Bei Wind und Rejen loofen de Leute janz schnell vorbei. Keena will stehnbleim. Würd ick ja ooch so machen. Die Taare hat's janz schön jezooren hier in de Hütte.«

Er erzählt, dass er das Jahr über viel unterwegs sei, auch weit im Westen, bei Festivals, Jahrmärkten und so weiter. Meist verdiene er nicht viel. »Manchmal bringste sojar Jeld mit zum Arbeeten!«, sagt er.

»4.000!«, sagt er. »Was?«, frage ich. Na, 4.000 Euro koste die Standgebühr für seine drei Meter breite Crêpe-Bude, die er von irgendeinem Verleih geholt habe. »4.000?« frage ich. »Für wie lange?« – »Na, für drei, vier Wochen.« Ich mag's kaum glauben. Offenbar sind die Standgebühren gestaffelt, je nach Umsatz. Für einen Imbissstand zahlt man mehr als für einen Kunstgewerbestand. »Wenn de Glück hast, jehste hier am Ende nich mit 'nem Minus raus!«, sagt der Mann.

»Und ständich haste Leute hier!«, setzt er fort. – »Na, das ist doch gut, dann machen Sie doch Umsatz.« – »Nee, ick meene Jesundheitsamt, Ordnungsamt und so. In jeder Stadt lejen se die schwammijen Jesetze anders aus.« Der Mann vom Gesundheitsamt des Bezirks, in dem er gerade stehe, sei praktisch und lebensnah. Mit dem habe er Glück. »Aber neulich war dit Ordnungsamt hier, drei Mann hoch. Ham sich vor meene Bude uffjebaut und jesacht: Janz schön dunkel hier!« Sie meinten, dass der Stand nur eine Lampe habe. Aber die reicht ja offenbar, denke ich. Ich finde es jedenfalls nicht zu dunkel.

»Und denn ham se uff die Pullen gezeicht und jesacht: Dazu brauchen se aber 'ne Ausschankjenehmijung!« Von wegen Jugendschutz und so. In den Flaschen ist Eierlikör und Amaretto zur Veredlung der Crêpes. »Dit is doch Quatsch!, hab ick denen jesacht. Europaweit jeht det ohne Probleme. Dit Zeuch wird doch einjebacken. Wenn Jurendliche sich besaufen wolln, denn essen se doch keen Crêpe mit Eierlikör.«

Obwohl, diese Frage ist natürlich interessant: Wie viele Crêpes mit Eierlikör muss man essen, um richtig besoffen zu sein? 200, 300? Die Antwort des Crêpe-Manns: »Dit is jar nich messbar, weil de vorher platzt! Uffwischen möcht ick hier dann aba nich!«

## Vorsicht, Weihnachten!

Weihnachten ist kreuzgefährlich. Nicht nur, weil der Baum brennen kann. Nein, offenbar bedeutet das Fest eine Ausnahmesituation. Pünktlich hat die Freie Universität Berlin wieder eine Liste von Professoren zusammengestellt, bei denen man etwas über Stress-Situationen, Belastung, Familienkonflikte und Paartherapie erfahren kann. Ich kann nur dringend raten: Leute, bitte unterschätzt diese Gefahren nicht. Denkt lieber dreimal nach, bevor es zu spät ist!

Zu spät ist es, wenn die Ehefrau statt der erhofften Kette ein Topf-Set geschenkt bekommt. Wenn sie sich dennoch, schmollend zwar, zum Weihnachts-Beischlaf bereit erklärt, ihr dann aber die neuen Dessous nicht passen, weil man diese mal wieder Pi mal Daumen gekauft hat.

Zu spät ist es, wenn das Geschenkpaket von Leon kleiner ist als das von Justin. Wenn er darob Legosteine durchs Zimmer schmeißt und Opa voll ins Auge trifft. Wenn Rieke sich am Fondant-Baumschmuck überfrisst und zur Begleitung von »O, du fröhliche« unter den Weihnachtsbaum erbricht. Wenn Oma im TV André Rieu sehen will, aber Opa das Splatter-Movie, bei dem der Weihnachtsmann in 33 handliche Stücke zerlegt wird.

Obacht, Obacht! Denn Weihnachten ist nicht nur eine Familien-, sondern eine wahre Todesfalle. Für manchen war die Weihnachtskerze das letzte Lichtlein, das er gesehen hat. Am Heiligabend starben so berühmte Leute wie Vasco da Gama, Louis Aragon, Alban Berg oder Bruno Taut. Zu Weihnachten forderte eine Flut an der Nordsee 11.000 Opfer (1717), Napoleon entging nur ganz knapp einer Höllenmaschine (1800), die amerikanische Kongressbibliothek brannte aus (1851) und der Westflügel des Weißen Hauses gleich ganz ab (1929) – da werden wohl auch einige fröhliche Lichtlein beteiligt gewesen sein.

Die britische Royal Society zur Verhinderung von Unfällen listet im Internet auf, aus welchen Gründen Menschen an den Weihnachtstagen im Krankenhaus landen: Eltern stechen sich mit Scheren, die sie statt Schraubenziehern nutzen, um Spielzeug zu montieren. Sie stürzen über Kabel, die sie eilig quer durchs Zimmer verlegt haben, um den neuen Computer zu testen. Kinder schlucken Glühbirnen, fallen von Schaukelstühlen und Fahrrädern. Leute bekommen Elektroschocks, weil sie laienhaft an der Beleuchtung rumfummeln. Sie purzeln beschwipst die Treppe hinunter oder verfehlen ihren Sitz am Esstisch.

Und dann die Küche! Es klingt grauenhaft, was das Übersetzungsprogramm der Royal Society-Internetseite erzählt: »Gravy explodieren in der Mikrowelle, heiße Fett verschüttet auf der Koch versucht, sich mit einer großen Türkei und böse, wenn Kürzungen Hacken Haufen von Gemüse.« Man begreift, was gemeint ist. Gravy bedeutet übrigens Sauce, und die Türkei ist kein Land, sondern ein Turkey – also Truthahn.

Auch die Weihnachtsmänner selbst sind bedroht. Und sie wissen es. Schon im Juli tagten in Kopenhagen etwa 150 von ihnen aus der ganzen Welt. Ein dänischer Professor hatte 1957 die Idee zu dem Kongress, der seitdem jährlich stattfindet. Wichtigstes Thema war dieses Jahr: die Fettleibigkeit der Heiligen Kläuse. Viele von ihnen hätten bereits Probleme, sich durch die Schornsteine zu zwängen, erzählte ihr Sprecher Jens Peder Tornvig.

Halleluja, das ist ja eine grässliche Vorstellung, so ein steckengebliebener Weihnachtsmann. Er kann weder vor noch zurück. Er strampelt panisch, jammert, schreit. Ruß rieselt in die aufgehängten Stockings unterm Kamin. Und wenn nicht schnell genug die Feuerwehr kommt und die Mauern aufmeißelt, haucht der Mann irgendwann sein Leben aus und beginnt zu verwesen. So oder so: Das Haus kann man hinterher vergessen. Und die Kinder haben ihr Leben lang ein Weihnachtstrauma.

Was man dagegen machen kann? Gar nichts. Aber es ist wenigstens gewarnt worden!

## Einmal im Jahr etwas Respekt

Ach, trotz aller Warnungen konnte ich es auch dieses Jahr nicht lassen. Ich habe mal wieder Weihnachtsmann gespielt. Und zwar bei Bekannten. Einmal im Jahr eine echte Autorität zu sein – so was lässt man sich nicht entgehen.

Weil die Kinder meiner Bekannten noch recht klein sind, sollte ich schon am Nachmittag kommen. Sie wohnen nur ein paar Straßen weiter. Also zog ich mich bereits zu Hause um: Mantel, Mütze, weißer Bart (irgendwann einmal im Kaufhaus erstanden). Meine Töchter malten mir noch die Nase frostrot und kicherten dabei. Ab ging's.

Während ich so durch die Straßen stiefelte, entstand in meinem Kopf ein Liedchen. Das ging so:

Der Weihnachtsmann stapft durch die Stadt.
Der Arsch ist kalt, die Beene platt.
Der Sack ist schwer, die Rute piekt,
die Mütze juckt – und allet kiekt!

An der Hauptstraße rauschten die Autos vorbei. Eltern auf den Vordersitzen zeigten auf mich. Kinder verdrehten die Hälse. Jemand hupte. Leute wünschten mir »Frohe Weihnachten!« Ich grüßte zurück. Zwei Jungen, etwa zwölf Jahre alt, standen vor einer Haustür. »Ej, was krieg ich'n?«, rief der eine. Ich sagte: »Wer neugierig ist, kriegt 'ne lange Nase! Hohoho!« – »Du lüügst!«, schrie es mir hinterher. »Du kriegst 'ne lange Nase! Doofer Weihnachtsmann. Blödmann!«

Aha, dachte ich mir, aus der Ferne und im Kaufhaus sieht man den Weihnachtsmann gern. Aber so richtig Respekt hat keiner mehr vor ihm.

Dann kam ich an einem Hund vorbei, der gerade ausgiebig sein Geschäft verrichtete, mitten auf dem Gehweg. Der Hundebesitzer stand mit der Tüte in der Hand daneben. Dann griff er mit ihr Teile des Haufens (alles bekam er leider nicht zu fassen), band sie zu und legte sie an den Gehwegrand. Ich guckte finster – so wie man es nur als Weihnachtsmann kann. Der Hundebesitzer sah mich, grinste komisch und nahm tatsächlich die Tüte in die Hand, um sie fortzutragen. Einige Meter weiter legte er sie wieder ab. Dort steht sie nun bis Ostern, wenn sie nicht schon vorher von einer Kehrmaschine durch die Luft gewirbelt wird. Wäre ich der echte Weihnachtsmann, würde ich in der Stadt lauter zwei Meter große Wegweiser zum nächsten Mülleimer aufstellen.

Plötzlich rummste es in einer der Nebenstraßen, so gewaltig, dass die Luft vibrierte. Ich dachte: Polenböller! Warum leben in dieser Stadt so viele Pyromanen und Freunde ohrenbetäubender Explosionen? Als Weihnachtsmann würde ich all diesen Rumms-Idioten ein Buch schenken: mit eindrucksvollen Fotos aus dem Unfallkrankenhaus.

Während ich mich dem Haus meiner Bekannten näherte, hatte sich mein Liedchen etwas gewandelt:

Der Weihnachtsmann stapft durch die Stadt.
Er hat den blöden Quatsch so satt,
den Stress, die Haufen und den Krach.
Das Fest ist aus! Die Show fällt flach!«

Aber die Bescherung wurde dann doch noch schön. Die Kinder meiner Bekannten – drei und vier Jahre alt – hatten wenigstens noch Respekt vor dem Weihnachtsmann. Und so muss das auch sein, verdammt noch mal!

. . . . . . . . . . . . . . . . . . . . . . . . . . . . . . . . . . . .

## Steinchen in der Socke

Neulich habe ich mich gewundert. In der Presseeinladung eines Berliner Museums hieß es, man könne zu einer bestimmten Veranstaltung leider dieses Mal kein »Pressesplit« zur Verfügung stellen.

Pressesplit? Noch nie gehört. Ich kenne nur das Wort Presse-Kit für eine Sammlung von Materialien. Beim Begriff Split – oder auch Splitt – denke ich zurzeit vor allem an die kleinen Steinchen, die bei mir zu Hause im Flur umherwandern. Sie sind die treuesten Begleiter in der Wintersaison. Beim ersten Schnee und Eis werden sie vom Winterdienst auf den Gehwegen ausgestreut, damit man nicht rutscht. Von da an verfolgen sie einen. Sie klemmen sich ins Profil der Schuhsohle, fallen zu Hause heraus, bewegen sich durch die Wohnung, sorgen für schrammende Geräusche beim Türschließen, hopsen in die Socke und piken beim Laufen.

Kann man eigentlich vom Winterdienst belangt werden, wenn man die Steinchen nach der Splitt-Saison nicht wieder abliefert? In den Wohnungen Berlins müssen sich doch Hunderte Tonnen davon befinden.

Und wo kommt das auf den Straßen verbliebene Zeug hin, wenn es wieder weggeräumt wird? Ich vermute, dass der Teufelsberg in Wirklichkeit nicht aus Trümmern besteht, sondern aus Streusplitt für den Winter. Wird der zwischendurch wenigstens mal vom Hundedreck gereinigt?

In meiner Kindheit hat man allerdings nicht mit Splitt gestreut, sondern mit Sand und oft auch mit Asche. Diese sorgte dann für herrlich gelbbraunen Schneematsch.

Überhaupt, diese ganze Asche! Sie ist fast völlig verschwunden aus der Stadt. In der Zeit der Kohleöfen rannte man noch jeden Tag mit dem Eimer runter, um die Asche auszukippen. Wenn der Wind blöd stand, bekam man den ganzen Dreck ins Gesicht. Mancher Ascheeimer enthielt auch noch Glut, was für eine andere Erscheinung der Winteridylle sorgte: für Mülltonnenbrände!

Die Asche hat sich auch tief in der Berliner Sprache niedergelassen: »Nu is Asche!« bedeutet, dass etwas vorbei ist. »Ick muss
zur Asche«, sagte jemand, der zur Armee musste. Mal sehen,
wann sich der Splitt in der Sprache niederschlägt. Ich meine
jenseits des Ehegattensplittings.

## Das abgegriffene Kindheitsfoto

Wie viele Fotos und Videos werden wohl im neuen Jahr den
digitalen Datenberg vergrößern? Das frage ich mich angesichts
dessen, was wir selbst produzieren. Wir haben unseren beiden
großen Töchtern zu Weihnachten eine Computer-Festplatte
geschenkt: mit den Fotos aus ihrer Kindheit und Videos von
gemeinsamen Reisen. Es sind zusammengenommen 800 Giga-
byte. Da hätte wahrscheinlich vor ein paar Jahrhunderten noch
das gesamte Wissen der Erde draufgepasst.

Wenn ich an diese digitale Flut denke, unter der wir zwei-
fellos eines Tages ersticken werden, sehe ich wieder Tante
Friedel vor mir. Sie war eine Bekannte meiner Eltern und wäre
inzwischen etwa 120 Jahre alt. Tante Friedel besaß genau ein
einziges, abgegriffenes Foto aus ihrer Kindheit. Es stand in
ihrem Schrank hinter Glas. Immer, wenn ich sie besuchte,
zeigte sie es mir: »Guck mal, das ist meine Heimat!«, sagte sie.
Auf dem Bild war ein Haus an einem Feld zu sehen. Es stand in
Freiberg in Sachsen und war ihr Geburtshaus. Sie hatte es nie
wieder besucht.

Friedel, die eigentlich Frieda hieß, gehörte zu den vielen jungen Frauen, die vor 100 Jahren nach Berlin gekommen waren, um »in Stellung« zu gehen. Sie arbeiteten als Haushaltshilfen und Kindermädchen bei Anwälten, Zahnärzten oder Industriellen. Wo genau Friedel beschäftigt war, weiß ich nicht.

Manchmal zeigte sie ihre Hände. Sie waren geschwollen und rheumatisch. Oft rieb sie sie, weil sie schmerzten. Sie sagte dann: »Das kommt vom vielen Wasser.« Sie hatte ihr Leben lang in heißem und kaltem Wasser hantiert, gewaschen, gescheuert und gespült.

Kinder besaß sie nicht, aber einen Mann, den ich leider nicht mehr kennenlernen sollte. Er hieß Ernst und war Hausmeister an einer Schule. Irgendwann wechselte er den Betrieb, wurde Heizer im Kabelwerk. Eines Tages fragte ihn ein Kollege, ob er nicht am kommenden Sonntag für ihn einspringen könne. Der Kollege hatte Kinder, Ernst nicht, also übernahm er die Schicht.

Am Abend standen plötzlich Leute vom Kabelwerk vor der Tür von Tante Friedel und sagten, ein Kessel sei explodiert. Ernst liege im Krankenhaus, am ganzen Körper verbrüht. Er lebte nur noch wenige Tage. Immer, wenn ich als Jugendlicher Tante Friedel besuchte, begann sie irgendwann die Geschichte jenes schlimmen Sonntags zu erzählen. Und dann sagte sie immer wieder: »Mein Ernst, mein armer Ernst!«

Zu Weihnachten stellte Tante Friedel einen winzigen Tannenbaum mit Kunstnadeln auf ihren Tisch. Und eine kleine Blech-Pyramide, die klingelte, wenn sie sich drehte. Es gab Spekulatius. Als es dann zu einem Jahreswechsel – vor genau 39 Jahren – plötzlich eiskalt wurde und Berge von Schnee das Land unter sich begruben, merkte Tante Friedel, dass sie nicht genügend Holz und Kohlen bestellt hatte. Und sie begann, ihr Regal zu verheizen. Von da an zog ich jeden Sonnabend mit dem Schlitten zu ihr und brachte ihr Holz und Kohlen aus unserem Keller.

Irgendwann, einige Jahre später, besuchte ich sie zum letzten Mal. Ich weiß nicht, wie ihre letzten Stationen aussahen, wann sie starb. Ich besitze auch kein einziges Bild von ihr. Alle Erinnerung ist in meinem Kopf.

- - - - - - - - - - - - - - - - - - - - - - - - - - - - - - -

## Heute schon jedäumelt?

»Weeßte, wie der Mensch in ein paar Jahrzehnten aussehen wird?«, fragt mich mein alter Schulkumpel. »Nee.« – »Na, die Beene brauchste dann bestimmt nich mehr«, sagt er, »nur noch so janz kleene, krumme, weil de ja nich mehr ville loofst. Der Hintern dajejen muss richtich groß und breit sein, damit de beim Dauersitzen nich umkippst. Und 'n Monsternacken brauchste, hart wie'n Stahlbüjel, weil dir ja ständich der Kopp nach vorn sackt, wejen dit Smartphone. Janz wichtich is ooch der Daumen. Ohne den jeht nix mehr.«

Das stimmt. Wie jeder beobachten kann, ist der Daumen zum Symbol der Menschwerdung schlechthin geworden. Zumindest der digitalen. Schwindlig wird einem, wenn man die Leute in der Bahn sieht, wie sie in irrer Geschwindigkeit mit ihren Daumen Nachrichten auf dem Smartphone tippen. Oder Bilder wegwischen – wusch, wusch. Man müsste ein neues Wort dafür erfinden. »Eh, ick hab dir 'ne Nachricht jedäumelt. Haste die schon jesehn?«

Welche Rolle hat der Daumen denn früher gespielt? Keine! Na gut, das stimmt nicht ganz. Der gereckte Daumen ist schon seit längerem ein Zeichen für »haste jut jemacht«, »allet Rodscha!«, »det Ding is jut jeloofen« und so weiter. An Daumen runter will ich gar nicht denken. Das hieß ja früher oft: »Kopp ab!« Obwohl: Ein amerikanischer Experte für die Gestik des Altertums hat behauptet, dass es im alten Rom genau umgekehrt gewesen sei: Der gereckte Daumen bedeutete den Tod des Gladiators. Den Wunsch nach Begnadigung drückte man aus, indem man den Daumen in die Faust steckte – das Schwert in die Scheide – oder auf den Zeigefinger drückte. Noch heute kann man in bestimmten Ländern mit dem gereckten Daumen Missverständnisse auslösen. Bis dahin, dass jemand glaubt, man wolle ihn obszön beleidigen.

Des Weiteren ist der Daumen ein erstklassiges Schätzinstrument. Der Heimwerker misst »Pi mal Daumen einsfuffzich«, bevor er das Brett viel zu kurz absägt. Man kann auch jemandem die »Daumen drücken«. Und wem zu Hause die Zimmerpflanzen nicht verrecken, der hört bestimmt gern das Lob, einen »grünen Daumen« zu besitzen. Ich hab so was nicht. Bei mir packen sogar die Kakteen ihre Koffer, um zu ihren Brüdern nach Mexiko auszuwandern.

»Weißt du, warum ein Schwein nich Fahrrad fahren kann?«, fragte mich mein Opa, als ich noch klein war. – »Nein.« – »Na, weil et keen Daumen hat zum Klingeln.«

Und das ist sehr, sehr wahr. Ein Schwein kann auch nicht Flöte spielen. Oder Skat. Es kann kein Geld zählen und keine Stecknadeln vom Boden aufheben, ohne dass es sich in die

Schnauze piekt. Für all das braucht man nämlich einen hochent-wickelten, beweglichen Daumen. Nur der Mensch kann Daumen und Finger zum sogenannten Pinzettengriff schließen. Ein Affe kann das nicht.

Der Daumen hatte also einen entscheidenden Anteil an der Menschwerdung. Und nun er treibt auch noch – tipp, tipp, wusch, wusch – den digitalen Fortschritt voran. Was wiederum Veränderungen im menschlichen Gehirn nach sich zieht. Wie Schweizer Wissenschaftler herausfanden, reagiert das Hirnareal, das für Reize und Bewegung des Daumens zuständig ist, neuer-dings besonders stark und sensibel. Es wird durch die ständige Smartphone-Nutzung trainiert.

Für mich spielen die Daumen übrigens noch eine ganz beson-dere Rolle. Denn wenn meine Hände gerade nichts zu tun haben, beschäftigen sie sich mit Daumendrehen. Und zwar oft unbe-wusst, meist vorwärts, sodass meine Frau einmal sagte: »Kannste die auch andersrum drehen, damit die Gelenke gleichmäßig abgenutzt werden?«

Meine Töchter wiederum stellten sich vor, ich wäre ein Astronaut. Dann bräuchte ich einen Raumanzug mit speziel-len Aussparungen für die Daumen. Die Töchter spielten mir auf Zehenspitzen und in Zeitlupe vor, wie ich ganz easy in der Raumstation schweben würde, während ich dazu Däumchen drehe. Immer nur vorwärts. Gaaanz langsam.

# Die Sache mit den Taschen

Ich habe mir eine kleinere Tasche gekauft, in die das Allernötigste für die Arbeit passt. Das wäre überhaupt nicht weiter erwähnenswert, wenn ich nicht wieder mal sehen würde, wie Generationen so ticken. Ich könnte diese Tasche nämlich hervorragend am Riemen quer über den Bauch tragen. So wie ich es bei vielen jüngeren Leuten beobachte. Das ist in dicht besiedelten Städten wie Berlin auch empfehlenswert, denn es hindert Diebe daran, einem die Tasche wegzureißen.

Leider aber sträubt sich in mir alles, die Tasche auf diese Weise zu tragen. Als Schulkinder nämlich trugen wir Ende der 1960er Jahre sogenannte Stullentaschen um den Hals – kleine Ledertäschchen an langen dünnen Riemen. Man konnte sie vor dem Bauch baumeln lassen. Aber dann schaukelten sie beim Rennen wild hin und her. Was sie weniger taten, wenn man den Riemen quer über den Bauch führte und die Tasche an der Seite trug. Das sah auch ein bisschen nach Polizei aus – und für einen Siebenjährigen war Polizei damals noch ziemlich cool.

Später änderte sich das. Niemand aus meiner Generation trug mehr Taschen quer über den Bauch. Auch der Ranzen auf dem Rücken war irgendwann passé. Alles musste lässig über der Schulter baumeln, am besten an nur einem Riemen. So trage ich jeden Rucksack und jede Tasche bis heute. Jede Generation hat eben ihre Macke.

Auch vor bunten Taschen schrecke ich zurück. Von wegen rot, lila, orange – wie man es immer wieder sieht. Nein, da kann ich nicht ran.

Dabei können Farben viel beeinflussen. So behaupteten jedenfalls zwei US-Psychologen. Sie fanden vor einiger Zeit heraus, dass Koffer oder Taschen als leichter empfunden werden, wenn sie bestimmte Farben haben. Rot wirke besonders schwer, so die Psychologen, gefolgt von Blau und Grün. Gelb dagegen trage sich am leichtesten.

»Kiek ma an, die Professas«, würde mein Opa sagen, wenn er das heute lesen könnte. »Da ham se wieda wat jefunden. Jetz weeß ick ooch, warum Straßenbahnen jelb sind. Weil se nämlich dadurch nich so ville wiejen und deshalb schnella fahrn können.« Dazu würde er kichern. Mein Opa, der 1980 starb, hatte sich in den 1960er Jahren ein Boot gebaut, mit dem er über die Köpenicker Gewässer schipperte. Es war weiß. Ein späteres war braun. »Hätt ick dit mal jelb jestrichen«, würde er vielleicht sagen. »Dann wärn wa nur noch so jeflooren über't Wasser.«

Mein Opa besaß auch einen Kanarienvogel. Der war zuletzt halb blind. Aber er flatterte wie wild durchs Zimmer und flog immer gegen die Decke, wahrscheinlich weil das gelbe Tier so leicht war.

Jaja, der Berliner hat Spaß daran, sich über verrückte Wissenschaftler lustig zu machen. Danach nimmt er seine viel zu schwere schwarze Tasche und buckelt von dannen.

# Drück fester, du kannst es schaffen!

Vergesst die Geschichtsbücher und Museen! Und geht in die Berliner Miniatur-Schau »Little Big City« unterm Fernsehturm! Der Saal mit nachgebauten Gebäuden und Szenen ist ein historischer Rummelplatz. Es bimmelt, rauscht, rumpelt, orgelt, jazzt und rummst. Viele Jahrhunderte Berliner Geschichte – von den Slawen bis zum Mauerfall – sind hier auf engstem Raum zusammengequetscht.

Etwa 6.000 Figürchen bewohnen die Mini-Welt. Viele verbringen ihre Zeit mit lustigen Dingen. Sie tanzen, trinken, reiten, gucken einer Köpferei oder Ketzerverbrennung zu, leiden an der Pest. Und überall gibt es kleine Entdeckungen. Ha, da ist ja der Alte Fritz. Er steht am Kartoffelacker! Wo auch sonst. Ha, und da steht Scheidemann auf dem Balkon und ruft die Republik aus! Wo ist eigentlich Liebknecht? Die Comedian Harmonists singen. Alles tanzt.

Ha, und an der nächsten Ecke marschieren schon lauter SA-Männlein durchs Brandenburger Tor! Daneben brennt das Modell des Reichstages. Virtuelle Flammen schlagen aus Fenstern und Kuppel. Feuerwehr-Männchen sind im Einsatz. Der vermeintliche Brandstifter van der Lubbe wird abgeführt. Die kleinen Figürchen, die das alles zeigen, wurden übrigens nach Bildvorlagen per 3D-Druck hergestellt.

Ich muss zugeben, dass ich mich etwas unwohl fühle, wenn ich dies alles im Puppenstübchen-Format sehe. Immerhin, die Nazis und so ... Das Thema hat ja durchaus eine gewisse Brisanz. Vielleicht gehöre ich aber auch nur zur falschen Generation. Der mit den Bauchschmerzen.

Denn vor der Szenerie steht eine junge englischsprachige Touristin, die ganz prima damit umgehen kann. Sie lässt sich von ihrem Freund fotografieren, nimmt dazu eine lässige Pose ein. Cooles Bild für Instagram – »Me and the burning Reichstag«. Sie hätte sich auch mit der Szene »Reichskristallnacht« fotografieren lassen können (man hört hier sogar die Scheiben klirren). Oder mit der Berliner Trümmerwüste von 1945, in der putzige kleine Panzer umherfahren.

Mal ehrlich: Was ist eigentlich vom ganzen Elend und den mörderischen Schlachten der vergangenen Jahrhunderte geblieben? Ritterfigürchen und bemalte Zinnsoldaten! Warum sollte es uns besser ergehen? Irgendwann wird alles zum Guckkasten-Klischee für Amüsierwillige!

Die Berliner Teilung! Man sieht Kennedy, Dutschke, Mauerbauer, den springenden Grenzsoldaten, den toten Benno Ohnesorg, David Bowie, Erich Honecker auf der Tribüne und Udo Lindenberg, von Ost-Berlinern auf Schultern getragen.

Ach, und kiek mal da!, ruft mein innerer Berliner. Da steht Sigmund Jähn, der erste deutsche Kosmonaut, an Konnopke's Currywurststand. Er trägt einen Raumanzug und hält die DDR-Fahne. Wie kriegt er denn nun die Wurst durch den geschlossenen Helm? Egal, für solche Detailfragen ist keine Zeit. Denn schon winkt die Abschluss-Szene. Ich darf ganz allein die Berliner Mauer umwerfen, und zwar per Hebel, angefeuert von einer Stimme, die sagt: »Drück fester, du kannst es schaffen!« Und ich schaffe es tatsächlich! Wow, ich fühle mich gleich viel besser.

Zur Belohnung gibt's ein Feuerwerk. Beim Abgang erschallt Beethovens 9. Sinfonie. Was auch sonst? Freude, schöner Götterfunken! Und irgendwie auch: Tri tra trallala.

# Keena soll vom Fleesche fallen!

Was hat man eigentlich früher gegessen? Um das zu erfahren, habe ich in das Tagebuch meines Opas von 1927 geguckt. Ich fand einiges, was mir fremd war. »Bolletten«, wie er schrieb, kannte ich natürlich, ebenso »Soleier« – hartgekochte Eier in Salzlösung, die früher in Kneipen in großen Gläsern gehalten wurden, aus denen man sich bedienen konnte. Aber was war »Karbonade«? Eine Sauce? Nein, offenbar wurde das Rückenstück von Tieren wie Schwein, Rind und Kalb so genannt. Und was war »Mockturtle«, das wie »Kakao mit Maggisupp« schmeckte? Das war eine Schildkrötensuppe, später wurde Kalbfleisch verwendet. Es gab sie in Konserven.

Daran musste ich denken, als ich jetzt die Grüne Woche auf dem Messegelände am Funkturm besuchte. Nicht freiwillig. Um Himmels willen! Nein, als Journalist. Ich sollte mal gucken, ob ich Vegetarier auf dieser Messe finde. Oder gar Veganer. Und viele leckere fleischlose Angebote. Berlin soll ja die Hauptstadt der Veganer sein.

Ich habe mich also ins Gewimmel gestürzt. Und immer, wenn ich gestresst bin, passiert es mir, dass mein innerer Berliner sich meldet und zu brabbeln beginnt: »Ach du dicka Vata! Is dit'n Jewühl hier. Wat stürzn die alle hier rum mit Kind und Kejel? Ham die keen Zuhause? Kiek mal: Da fressen welche schon am Vormittach Mett-Bajettes aus Niedersachsen, 'n halben Meter lang, unjelooren. Und Thüringer Rostbratwürschte. Bratfett wabert eim um de Neese. Kenn wa ja: Fleesch is meen Jemüse!

Keena soll vom Fleesche fallen, und wat et sonst noch für Sprüche jibt. Aber wo sind jetz noch mal die Vejetarier?

Ah, da, kiek mal: 'ne neue Halle, Stände vonne Franzosen. Mit janze Batterien schrumplijer Salamis. Wat is da drin? Hirsch, Zieje, Esel, Strauß und Stier? Da brat mir eena 'n Storch, kann ick nur saren! Und die Beene recht knusprich. Bloß wech hier! Jehn wa lieba ma rüber zu den Stand, wo ›Rwanda‹ dran steht. Da soll't ja Vedschie-Börjer aus Süßkartoffeln jehm. Vielleicht find ick da Vegetarier! ... Ach, du meene Jüte! Zwar liecht da so 'n Vedschie-Dings rum. Aber daneben lauter Börjer – aus wat? Aus Krokodil, Kamel und Zebra? Oh Jott: kleene jestreifte Zebras! Dit darf ick zu Hause jar keem erzähln. Da jehn meene Mädels gleich mit 'n Knüppel los, um die janze Messebude zu zerlejen. Kann ick ooch voll vastehn.

Und ick dachte, wir solln wenijer Fleesch essen. Aba inzwischen landet ja jedet Tier uff'n Teller, wat nich bei drei uff'm Boom ist. Und falls et doch ruffkommt, wird et runterjeschossen. Ick seh schon: Nächstet Jahr wer'n se uff de Messe Eichhörnchen-Spieß und Spatzen-Börjer fressen. Jut'n Appetit!«

So schimpfte mich mein innerer Berliner durch die Grüne Woche. Ich sah durchaus einige verteilte Stände mit veganen Angeboten. Doch obwohl ich mehrere Gruppen von 20-jährigen Messebesuchern fragte, fand ich keinen einzigen Vegetarier. Schon gar keinen Veganer. Na gut, ich habe auch nicht alle 400.000 Besucher gefragt.

»Veggies gehen doch nicht auf die Grüne Woche!«, sagte meine Frau. »Das ist immer schon eine Fleisch-Fressmeile gewesen. Das hätte ich dir auch schon früher sagen können.« Na gut. Ich hätte trotzdem den redaktionellen Suchauftrag gekriegt.

Was das Fleisch betrifft: Ich esse auch gerne mal ein Schnitzelchen oder Bulettchen. Aber müssen es gleich solche Massen sein?

Eine neuere Idee ist übrigens, Insekten als Fleischlieferanten zu züchten. Warum nicht? Wer's mag. Aber Achtung: Auch Mehlwürmer sind Tiere. Die haben sogar ein Gesicht. So ein ganz kleines, knuffiges. »Mit Knopfäuglein«, sagt meine Frau. Das darf man meinen Töchtern gar nicht sagen. Die gehen sonst gleich wieder los, mit dem Knüppel.

## Der Grunschüler beim Zaanaatz

»Een D hat jefehlt, na und?«, sagt mein alter Schulkumpel. Wir haben uns zufällig auf der Straße getroffen. Er spielt auf einen Bericht an, den wir am Freitag im Blatt hatten: An einer Schule in Prenzlauer Berg müssen Zeugnisse für Schüler neu gedruckt und nach den Ferien ausgetauscht werden. Und zwar, weil ein D fehlt. Auf dem Zeugniskopf steht »Heinrich-Roller-Grunschule«.

»Mein Jott, et könnte schlimmer sein«, sagt mein Schulkumpel. »Stell dir ma vor, die hätten Grunzschule jeschriem. Und allet würde sich fraren: Wat is'n dit? Is dit 'ne Schule für kleene Schweinchen? Ick gloobe, dit könnte sojar passen. Wenn ick kieke, wie der Kleene von meine Nichte manchmal so frisst.«

Wie hätte es noch heißen können? Grünschule zum Beispiel. »Da würden se alle denken, dit is 'ne Art Boomschule, nur für kleene Kinda. Und am Ende jibs 'n grünen Daumen. Uff so 'ne

Schule wär ick jern jejangen. Aber bei mir verrecken ja sojar die Kaktussis.« Da haben wir etwas gemein, mein Schulkumpel und ich. Oder Grungeschule. »Jesprochen: Gransch – du weeßt doch, die Musik von Kört Cobeen, Nirvana und so. Da könnten se alle mitte Jitarre rumrenn und rumjaulen, wie beschissen die Welt is.«

Wir sind uns einig, dass Fehler in anderen Wörtern noch größere Verwirrung anrichten könnten, etwa, wenn man ein Maser-Studium abschließt, in einem Scheißtechnik-Unternehmen arbeitet, als Bäcker seine leckeren Toten anbietet, für ein Moder-Haus schneidert, eine Gerippe-Impfung bekommt oder ins Wichsfigurenkabinett geht.

Wenn man so guckt, was mit der Sprache überhaupt passiert, kann man sich nur die Haare raufen. Es ist natürlich bequem, bei der Handy-Däumelei aus »Hab dich lieb« einfach »HDL« zu machen oder »Thx« zu schreiben, wenn man sich bedankt. Zusätzlich pfuscht einem das Korrekturprogramm dazwischen, verändert ganz frech Wörter. Das Internet ist voll von Beispielen »korrigierter« Handy-Konversation: »Brauchen wir zum Töten ein altes Handtuch?« (Tönen), »Um 15.21 Uhr kam der kleine Nazi zur Welt« (Maxi), »Hast du schon ein Wehrmachtsgeschenk für Oma?« (Weihnachtsgeschenk).

Und um alles noch schlimmer zu machen, arbeiten nicht wenige Schulen bundesweit mit der Methode »Schreiben nach Gehör«. Die Grundschüler dürfen hier nach Gutdünken ihre Buchstaben malen. Da wird aus dem Tor ein »Toa«, aus dem Vater der »Fata«, aus dem Zahnarzt der »Zaanaatz«. Seit wann kann man es Kindern nicht mehr zumuten, zu lernen, wie man richtig schreibt? Die meisten gieren doch selbst danach, es endlich richtig zu können.

Vor diesem Hintergrund ist es – trotz aller Witzelei mit meinem alten Schulkumpel – wichtig, den Fehler »Grunschule« auf dem Zeugnis zu korrigieren. Ganz einfach, um auch den Kindern zu zeigen, dass Rechtschreibung kein Hobby irgendwelcher alten Säcke ist, sondern dass es durchaus noch ein paar Regeln gibt.

## Eine Frau für eine Nacht

Als alter Preuße kann ich zu den bundesweiten Karneval-Ereignissen der vergangenen Tage nur schnarren: Alle Achtung! Tadellos! Da hat man den Spaß mal wieder so richtig ernst genommen! Zum Karneval wurde aufmarschiert wie zum Feldzug: mit Garde-Uniformen, Konfetti-Kanonen, Schunkel-Gleichschritt, Streitwagen und Kamelle-Bombardement.

Die Schlachtrufe klangen, als hätten überall im Lande lauter Dreijährige das Regiment übernommen: Neben »Helau« und »Alaaf« hörte man »Wau-Wau«, »Alleh hopp«, »Kall du!«, »I-a«, »Nuff Nuff«, »Rucki Zucki – Olé«, »Et fluppt«, »Heijo« und »Puff Puff Puffer«. Und hinter den Frontlinien ging es zu wie einst in der Feldzugs-Etappe: Saufen bis zum Abwinken, Entgleisungen jeglicher Art.

Heute nun heißt es: »uffwischen« und ab zum Fasten! Man freut sich direkt, nicht dabei sein zu müssen bei der Hangover-Party mit viel Aspirin. Das Wort Fasching soll übrigens vom letzten Alkohol-Ausschank vor der Fastenzeit her stammen – und das Wort Karneval vom mittellateinischen »carne levare«, was »Fleisch wegnehmen« bedeutet. Andere leiten es von »carne vale« ab, also: »Fleisch, lebe wohl!«

Bei aller Betrachtung des Phänomens aus der Ferne muss ich zugeben, dass auch ich meine Faschingserfahrungen habe. Es ging schon im Kindergarten los. Bei den Kostümen gaben sich meine Eltern richtig Mühe. Ich ging nicht einfach als Cowboy oder Indianer, sondern als Zauberer, Maler Klecksel, Polizist und Meister Hämmerlein. Wie mir gerade auffällt, waren es lauter Berufstätige.

Das änderte sich bald. Als Lehrling ging ich als Neil-Young-Verschnitt zum Fasching und hatte bald ein (ebenso unechtes) Hippie-Mädchen im Arm. Was hätte ich dagegen als Maler Klecksel finden können?

Und auch wichtige Gendererfahrungen machte ich beim Fasching.

In der Studentenzeit nämlich tauschten meine Frau und ich mal die Rollen. Sie ging als Mann mit Jackett, Hut und Bart. Ich bekam lange Haare, ein Kleid, Strumpfhose und hohe Schuhe. Nach der Rasur malte meine Frau mich sorgfältig an. Ich starrte in den Spiegel und dachte: Wow! Mensch, du hast ja Frauenbeine!

Als wir in den Saal kamen, hörte ich meine Kommilitonen sagen: »Dit isser!« – »Nee, dit isser nich!« – »Doch, dit isser!« Und während meine Frau sich endlich mal richtig gehen lassen konnte, breitbeinig herumfläzte und Bier trank, erlebte ich zum ersten Mal für eine Nacht, wie kompliziert es ist, eine Frau zu sein. Die Strumpfhose juckte, ich knickte mit den Schuhen um und musste aufpassen, beim Sitzen die Knie zusammenzudrücken, damit man mir nicht »bis ins Himmelreich kieken« konnte, wie es meine alte Tante nennen würde.

Ich wurde angeglotzt von immer betrunkener werdenden Medizin- und Wirtschaftsstudenten. Auf welche Toilette sollte ich gehen? Als ich aufs Männerklo ging, wurde ich entgeistert angestarrt, verschwand dann schnell in der Kabine. Als ich wieder im Saal war, wollte jemand meinen Nacken knutschen. Ein anderer grapschte mir an den Hintern. Ich rief »Ej, Pfoten weg!«, und er erschrak sich fast zu Tode. Rückblickend kann ich nur sagen: #MeToo.

## Kleiner Plausch mit dem Biber

Unser Fluss um die Ecke hat einen neuen Herrn. Er baut das Ufer nach seinen Vorstellungen um. Man sieht umgefallene Bäumchen, die Rinde abgeknabbert, einen Stamm, der ausschaut, als habe ein kleiner Saurier reingebissen. Darunter liegen Raspel-Späne. Ein Bäumchen ist quer über den Fluss gefallen. An ihm staut sich Treibgut, leere Flaschen sind auch dabei.

Ohne Zweifel: Hier hat ein Biber sein Revier eingerichtet. Anfang der 1990er Jahre waren die Biber – *Castor fiber* ihr lateinischer Name – in der Oberhavel aufgetaucht, nachdem man sie im vergangenen Jahrhundert fast ausgerottet hatte. Heute sollen wieder etwa 100 Biber in der Hauptstadt leben, an Havel, Spree und Dahme. Sie stehen unter Schutz. Wenn ein Berliner Biber mit einem Menschen reden könnte, würde sich das vielleicht so anhören:

»Wat kiekst'n so blöde? Noch nie een schwimmen sehn? Pass ma uff, ick hab hier jerade so richtich Stress. Meene Olle rückt ma uff de Pelle, weil se bis Mai schon wieda Nachwuchs ham will. Und inne Bude hocken noch die faulen Blaren vom Vorjahr. Also lass ma in Ruhe! Ick mach det hier allet nich zum Spaß!

Abends, wenn du dir faul ufft Sofa leechst, muss ick raus! De Mischpoke will ja wat fressen. Also paddel ick mit meen platten Schwanz durch de Brühe, bis ick 'n saftijen Boom sehe. Und denn jehts ran: immer voll Sanduhr-Knabbatechnik. Jelernt is jelernt! Irjendwann fällt det Ding um, und ick komm an die kleenen Ästchen ran. Blätter und Rinde – mmh. Voll lecker. Könnte aba mehr sein. Jibt jerade nich so ville. Is ja Winta.

Meene Zähne sind scharf wie Rasierklingen. Damit schaff ick in eena Nacht 'n Boom, der 'n halben Meter dick is. Und du? Wat schaffst du?

Wie? Dir tun schon vom Zukieken de Zähne weh? Wo is'n dit Problem? Dir ham se alle Zähne abjefeilt, weil se kaputt waren? Und denn ham se Kronen ruffjesetzt? Ick hau ma wech vor Lachen! Zähne wachsen doch ständich nach! Wie kommste denn sonst an dein Fressen ran?

Und wie markierste dein Revier? Haste ooch 'ne Drüse am After? Bieberjeil heißt det Zeuch. Kann man sehr schön inne Jejend verteilen. Wie, du hast keene Drüse und keen Revier? Da kommt dir doch imma der Nachbar inne Quere und frisst dir de Blätta weg! Schlecht orjanisiert!

Wo ick wohne? Zeij ick dir nich! Nachher kommste ma besuchen. So fett, wie de bist, machste mir ja allet kaputt. Nur so ville: Et is unta de Erde, Einstiech irjendwo inne Uferböschung. Mehr wird nich jesacht.

Insjesamt jesehn bin ick ziemlich tiefenentspannt. Berlin is schon 'ne coole Stadt. Seitdem ihr uns nich mehr fresst, fühl ick ma hier janz wohl. Ihr habt ja sojar am Ufer Ausruhplätze für uns jebaut.

Irjendwann stau ick hier mal den Fluss uff. Als Dankeschön! Einfach 'n paar Böme mehr umjeknabbert, denn habta 'n kleenen Badesee! Eure komischen Häuser und det Einkoofszentrum – oder wat det is – sehn sowieso hässlich aus. Da könnt ihr dann wenichstens jemütlich zwischen rumpaddeln.

Wat, du jehst nich jern in't Wasser, schon jar nich in kaltet? Also, ick jeb's uff! Ihr seid ja völlig lebensuntüchtich. Na jut. Ick schwimm einfach mal weita. Und tschööö!«

- - - - - - - - - - - - - - - - - - - - - - - - - - - - - - -

## Beim Loofen de Schuhe besohln

Womit habe ich das verdient? Warum muss ich immer wieder, während ich auf dem Weg zur Arbeit bin, den Stress und die Probleme fremder Arbeitswelten in mich aufnehmen? Zum Beispiel die der beiden Frauen, die vorhin in der S-Bahn neben mir standen. Es ging etwa so, leicht verschlüsselt:

»Also, ick kann dir nur saren«, sagte die Eine, »Kräfte schickt det Arbeetsamt! Wir ham da 'ne Neue, die meckert nur rum, den janzen Tach, immer so nag-nag-nag, wie Schnatterinchen uff Speed.«

Die Andere: »Ja, so eene ham wa ooch! Die is janz neu, hat aber de Weisheit mit'n Löffel jefressen.«

Die Eine: »Neulich hat unsere een Fass uffjemacht, weil wa anjeblich de Vorlaare Nullachtsiemunzwanzich bei ihr aus'm Compjuta jelöscht ham, wahrscheinlich um se zu ärjern. War aba nich! Ich bin denn ooch janz ruhich jebliem und hab jesacht: Liebe Kollejin, gucken Se doch mal im Compjuta im Verzeichnis Soundso nach, gleich oben unter Dingsbums: Da finden sie die Vorlaare. Wie übrijens schon imma.«

Typisch für solche Bahn-Erzählungen ist, dass die erwähnten Kollegen, die man hat, meist unfähig, doof und verpeilt sind. Außerdem reden sie meist ganz aufgeregt, mit schriller Stimme. Man selbst jedoch bleibt immer besonnen und geduldig, wie der Therapeut gegenüber dem Psychopathen.

Was ich alles schon gehört habe in der Bahn! Zum Beispiel, wie jemand einen Mitarbeiter per Telefon zur Schnecke macht oder einem anderen genau erklärt, wo ein wichtiges Dokument liegt. Geheimdienste sollten eigentlich von früh bis spät nur S-Bahn fahren, dann erfahren sie alles.

Ja klar, man könnte auch Kopfhörer aufsetzen und Musik hören. Das mache ich mitunter auch. Aber oft eben nicht. Wahrscheinlich warte ich auf ein Wunder. Dass mal jemand nicht nur über andere meckert, sondern sich und seine eigene Arbeit kritisch beleuchtet, vielleicht in schönen Berliner Wendungen:

»Jaja, ick jeb's ja zu. Ick bin bei de Arbeet so langsam, det se mir beim Loofen de Schuhe besohln können.« – »Ick habe zwee linke Foten. Ick mache allet kaputt. Ick weeß jar nich, warum se mir überhaupt noch beschäftijen. Allet, wat ick kann, kann Lehmanns Kutscher ooch.« – »Ick bin vielleicht een mickrijer Chef, noch ville dümmer als ick aussehe. Ick hab meen Kopp nur fürs Haareschneiden. In meen Oberstübchen hamse vajessen, 'ne Leitung zu lejen. Aba det Denken sollte man ja ohnehin den Ferden überlassen.« Das wären mal ehrliche Aussagen. Echt sympathisch!

- - - - - - - - - - - - - - - - - - - - - - - - - - - - - - - - - - - - -

## Der Streit um Pille und Schwelle

Ich hab's kommen sehen. Jetzt zerstreiten wir Berliner uns auch noch wegen der eigenen Sprache. »Wir ham niemals für Schwester dit Wort Schwelle benutzt«, sagte einer aufgeregt. »Kommste übahaupt aus Berlin?« Dummerweise sagte er das zu mir, denn ich hatte in einem Text das Wort »Schwelle« für Schwester verwendet. Ich kenne es aus meiner Kindheit. Auch meiner Frau, in Friedrichshain aufgewachsen, ist es vertraut. Anderen offenbar nicht.

Und das ist erklärlich, denn Berlin ist ein sprachlicher Flickenteppich. Verschiedene Generationen, verschiedene Gegenden – und schon werden andere Wörter für ein und dasselbe genutzt. Ich zum Beispiel kenne als Geschwister-Bezeichnung neben »Schwelle« und »Atze« auch »Keule« – was für Bruder, Schwester und Kumpel stehen kann. Aber »Ralle« oder »Brieze« – ebenfalls überliefert – waren mir bisher unbekannt.

»Deine Keule hat meene Brieze mit de Ille vor de Omme jeknökt« – auf diese Weise soll ein Berliner Gör einst beklagt haben, dass sein Bruder vom Bruder eines anderen mit dem Stock (»Ille«) auf den Kopf geschlagen wurde. Ich kannte weder »Ille« noch »knöken«.

Einmal erklärte mir jemand, dass die Berliner zum Fußball »Pille« sagten. »Jawoll!«, werden jetzt einige schreien. »Ball heißt Pille!« Das Wort soll vom lateinischen »pila« stammen. Ich kenne aber nur den Begriff »Pflaume«, besser: »Flaume«. Mit Pillen wurde bei uns nicht geschossen.

Forscher haben nachgewiesen, dass sich das Berlinische in den letzten 50 Jahren auf beiden Seiten der Mauer unterschiedlich entwickelte, bis dahin, dass man im Westen eher »schnieke« und »Wuppke« sagte, im Osten dagegen »schau« und »urst«.

Vieles ist verschwunden. Wer kennt noch so schöne Begriffe wie »Dalles« (Geldnot), »Jummijutti« (zähklebrige Masse), »'ne Stulle mit Lamberkäng« (mit überhängender Wurst) oder »Du hast wohl'n Lüttiti!« (einen an der Waffel)? Eine Generation versteht die andere oft nicht mehr. Allein schon, wenn's ums Feiern geht. Vor Jahrzehnten war noch folgender Dialog möglich: »Warste bei der Schaffe jestern?« – »Ja, ick war mit Jerda schappern. Leider is die mir abjehaun. Ick hab dann mit 'n steilen Zahn abjehottet.« Aus der »Schaffe« wurde die »Fete«, dann die »Party«. Und »steiler Zahn« will bestimmt kein Mädchen mehr genannt werden.

Fazit: Berliner, freut euch an der Vielfalt, statt euch um Begriffe zu streiten. Ob »Keule«, »Ille«, »Pille« oder »Schwelle« – das ist doch alles Pillepalle. Passt lieber auf, dass die schwäbischen »Wecken« nicht die »Schrippen« verdrängen. Das könnte nämlich wirklich passieren, zumindest in bestimmten Gegenden. Obwohl: Der Stadt an sich wäre auch das am Ende schnurzpiepegal.

## Das Berliner Grundgesetz

Einige Städte sind stolz darauf, eine Reihe von Sprüchen zu besitzen, die den Charakter ihrer Region auf den Punkt bringen, genannt »Grundgesetz«. Die Kölner zitieren ihres sehr gerne, beginnend mit: »Et es wie et es«, »Et kütt wie et kütt« und »Et hätt noch emmer joot jejange«.

Aus dem Urlaub schickte mir nun eine Leserin eine Postkarte mit dem »Norddeutschen Grundgesetz«. Es geht wie folgt: »1. Nordlicht bleibt Nordlicht. 2. Wat mutt, dat mutt. 3. Von nix kommt nix. 4. Da kannssu nix an machen. 5. Na denn man tau. 6. Tüdelkram is Tüdelkram. 7. Der Wind kommt immer von vorn. 8. Budder bei die Fische. 9. Sabbel nich – dat geiht. 10. Nich lang schnacken – Kopp in Nacken. 11. Die korrekte Antwort auf Moin Moin heißt Moin.« Die Leserin fragte, ob man so etwas nicht auch für Berlin finden könne.

Nun werden solche Sprüche von Intellektuellen gern unter »literarisches Volksvermögen« eingeordnet, also von oben herab betrachtet. Doch ich finde, dass sich in ihnen viel von der Seele einer Region und ihrer Bewohner wiederfindet. Im Internet sah ich, dass es in der Souvenirbranche bereits Verschiedenes zu Berlin gibt. Ich denke aber, dass es eine Sache der Hauptstädter wäre, aus Berliner Sprüchen ihr »Grundgesetz« selbst zusammenzustellen. Als Anregung dafür eine kleine Auswahl von Sprüchen:

»Uns kann keena, uns könn se alle mal! – Wat nich jeht, muss jetraren wern. – Wer anjibt, hat mehr vom Leben. – Dit machen wa allet aus de Lameng. – Bange machen jildet nich! – Rechts stehn, links jehn! – Haste wat, kannste. – Kommste heut nich, kommste morjen. – Je kessa, je bessa! – Varrickt und drei macht neune. – Nachtijall, ick hör dir trapsen. – Is ejal, wovon uns schlecht wird. – Wir ham schon mal mehr jelacht. – Nich anjeschissen is jenuch jelobt. – Au Backe! – Rin in de Kartoffeln, raus aus de Kartoffeln. – Uff een Been kann man nich stehn. – Wer't jloobt, wird seelich! – Dicht danehm is ooch vorbei. – Ran an Sarch und mitjeweent! – Halt die Fresse, Herzchen! – Wo wir sind, is vorn, und wenn wa hinten sind, is hinten vorn!«

Ich habe noch einen ganzen Sack von Sprüchen, aber die gefallen mir am besten. Die Vorschlagsrunde ist eröffnet. Ran an de Buletten!

## Eiszeit und Entenpaarung

War's das jetzt? Ich meine mit dem Winter. Jetzt scheint es ja etwas wärmer zu werden. Aber in der zurückliegenden Woche dachte man schon, eine neue Eiszeit wälze sich über Europa. Man las etwas von »klirrender Kälte«, »Sibirien-Peitsche« und »eisigem Frost«. Am Ende stellte sich heraus, dass es sich schlicht um Wetter gehandelt hat. Oder, wie der Berliner sagen würde: »Nu kiek ma an: Et is lausekalt! Dit war doch zu erwarten. Is ja schließlich Winta!« Das erste Mal seit Längerem war eine Jahreszeit überhaupt mal wieder als solche zu erkennen, nachdem sich monatelang alles zum grau-feuchten Brei vermischt hatte.

Aber der Berliner kann natürlich auch mächtig frieren. Das wollen wir gar nicht bestreiten. »Brrr, alter Schwede, wat für 'ne Dürre«, flucht er. »Da kriegste ja'n Eiszappen anne Neese. Und wenn de an Boom pinkelst, friert dir der Strahl uff halbem Weje.« Doch der Berliner vermag ebenso zu relativieren. Einer schreibt bei Twitter: »Als Kind habe ich gelernt: Kalt ist es, wenn die Jauchegrube zufriert. Habe nachgesehen: Es ist nicht kalt.« Ein anderer moniert allerdings: »Jab's nich früher mal Warteräume uff de S-Bahnsteije? Wo sind die eijentlich jeblieben?« Frage ich mich auch.

Aus früheren Zeiten habe ich noch den Begriff »Winterschlacht« im Ohr. Da gab's nämlich ein paar so richtig fette Winter. Im eisigen Januar 1987 – ich studierte in Leipzig – wurden wir vom Hörsaal aus direkt in die Wärmeversorgung geschickt. Ein Kommilitone und ich landeten im uralten Kraftwerk der Uni-Klinik. Wir mussten mit Eisenstangen im vereisten Schacht der Kohlenrutsche über uns herumstochern. Ab und zu kam der Heizer und blies Dampf hinein. Irgendwann rührte sich was und ein paar mickrige Braunkohlebrocken polterten herunter. Daran muss ich manchmal denken, wenn ich heute meinen Hintern an der heimischen Heizung wärme, als wäre es das Selbstverständlichste von der Welt.

»Weeßte, een Jutet hatte die Kältewelle wenichstens«, sagt mein alter Schulkumpel. »Die janze Mückenbrut jeht kaputt. Da ham wa dann dieset Jahr nich so ville Viecher.« Pustekuchen! Ich muss ihn enttäuschen. Eine Biologin hat gerade erklärt, dass einheimische Mücken eine Art Frostschutzmittel besäßen. Viele überwinterten fröhlich in Baumhöhlen und auf Dachböden. Wenn es dann warm und feucht werde, kämen sie alle heraus.

Ich glaube, der Frühling ist schon recht nah. Die Enten auf der Spree schwimmen als traute Paare umher. Es geht schon richtig zur Sache, wie ich beobachten konnte. Ein Enterich schwamm vor seiner Angebeteten und nickte mehrfach ruckartig mit dem Kopf. Dann hopste er auf sie drauf, wobei die Entendame völlig unter Wasser verschwand. Nach ein paar Sekunden war alles vorbei. Det is Liebe!, kann man da nur sagen. Naja, ich hoffe es zumindest.

## Lederbälle und Schweißfüße

»Deine Keule hat meene Brieze mit de Ille vor de Omme jeknökt«, soll einst ein Berliner Jör geklagt haben. Neulich nutzte ich diesen Satz als Beispiel dafür, dass sich die Berliner Mundart von Stadtteil zu Stadtteil, von Generation zu Generation unterscheidet. Ich selbst kannte weder »Brieze« (Bruder) noch »Ille« (Stock) noch »jeknökt« (gehauen).

Nun bekam ich Leserpost dazu, und ich muss ehrlich sagen, dass diese nicht gerade für mehr Überschaubarkeit gesorgt hat. Ein Leser, in Friedrichshain aufgewachsen, schreibt zum Beispiel, dass er einst auch »mit de Ille« gespielt hat. Bei ihm war damit aber kein Stock, sondern ein Fußball gemeint.

Es geschah nach dem Krieg. Die Kinder spielten auf dem Hof einer ausgebrannten Ruine. »Nen Fußball hatte nur eena und dit war Teddy Herold. Und nu kommt's: In die Ledahülle war 'ne Jummiblase und uff der stand der Name von den Produzenten, so wie Illinger oder ähnlich. De Ille wurde mit 'ne Luftpumpe uffjeblasen, und denn wurde de Ledahülle mit'n Ledaschnürsenkel und 'ne Ahle zujeschnürt. Und wenn Teddy keene Lust mehr hatte, nahm er seine Ille und jing nach Hause, und wir warn Neese.«

Es geht aber noch weiter: »Wenn wa kacken mussten, jingen wa knöken.« Ist ja interessant: Eben bedeutete »knöken« doch noch hauen! Dann rief ein weiterer Leser an und erzählte, er und seine Kumpels hätten einst mit dem Fußball »jeknökt«. Wenn »knöken« also sowohl hauen, kacken, als auch Fußball spielen bedeutete, dann möchte man nicht miterleben, was passiert, wenn sich drei ältere Berliner aus verschiedenen Gegenden treffen und missverstehen: »Eh, woll'n wa 'ne Runde knöken?« – »Aba doch nich hier uffn Platz. Da könn uns doch alle sehn!« – »Also, ihr redet beede een Müll, ick knök euch gleich eene!«

Was den Fußball selbst betrifft, so fügte ein Leser aus Friedenau den Begriffen »Flaume«, »Pille« und »Ille« noch die »Mauke« hinzu, mit der man früher »jeknödelt« habe. Das Wort »knödeln« wiederum kenne ich auch für eine bestimmte Art zu singen (»Mann, hat der Typ inne Oper rumjeknödelt!«) und für gewisse Geschäfte auf dem Klo (»abknödeln«). Man sieht, das Berlinische ist nicht sehr fein, was saubere Differenzierungen betrifft.

Doch das ist noch längst nicht alles: Die vom Leser erwähnte »Mauke« steht nicht nur für Fußball, sondern auch für Schuh und Fuß. (»du mit deine ollen Mauken!«) Und die Aufforderung »Nimm deine Keesemauken da weg!« bedeutet, man solle bitteschön seine Schweißfüße entfernen.

Wie können sich Berliner überhaupt noch verstehen bei diesem Bedeutungs-Chaos? Wäre es nicht besser, gleich auf Schwäbisch umzusteigen? Oder Englisch? Is ja jut, is ja jut! Ick nehm den Vorschlag zurück! Man muss sich halt bemühen, die Dinge auseinanderzuposamentieren.

## Die geheime Raumstation

Ich besuche eine Raumstation, mitten in Berlin. Ein Freund nimmt mich mit. Der Eingang ist nahe der Jannowitzbrücke. Eine unauffällige Tür öffnet sich. Dahinter eine Schleuse mit bläulichem Licht. Ich sehe metallene Wände, Kabel, Bildschirme, blinkende Lichter. Wir gehen eine Treppe hinunter, durch eine Tür, die beim Öffnen vielstimmig »Ahh!« schreit. Eine schöne Installation!. »Alien-Alarm!«, schallt es aus dem Lautsprecher. Ich bin gemeint. Aber die dunkel gekleideten Wesen, die in den Ecken sitzen und irgendetwas tun, beachten mich nicht. Ich werde ja begleitet.

Nie zuvor war ich in der Raumstation. Nach offizieller Darstellung handelt es sich um die Räume des 1995 gegründeten Vereins c-base. Hier, in der Rungestraße, trifft sich die Berliner Computer- und Hackerszene. Hinzu kommen Bastler, Tüftler und Science-Fiction-Fans aller Art, die ihre Station immer weiter ausgestalten. Filme wurden hier gedreht, es gibt Events. Auch die Piratenpartei wurde hier gegründet.

Aber pssst, nur nicht auf die offizielle Legende reinfallen! Es ist reine Tarnung. In Wirklichkeit – das zeigen Modelle hier – ist das Ganze das Überbleibsel einer vor Tausenden von Jahren abgestürzten Raumstation, der c-base. Ihr Radius betrug 840 Meter. Sie war aus sieben Ringen aufgebaut. In der Mitte ragte eine Antenne empor, heute fälschlicherweise Fernsehturm genannt.

Seltsam, wie das Gehirn funktioniert. Wie es sich Dinge vorgaukeln lässt. Nach zwei Stunden im Halbdunkel habe ich kein Orts- und Zeitempfinden mehr. Begeistert blicke ich auf ein metallenes Gebilde, von dem mir mein Freund sagt, es sei eine Datenrettungs-Sonde. Ich wäre bereit, sofort loszuziehen und in Kellern und Nischen der Umgebung nach weiteren Überbleibseln der c-base zu suchen. Eines Tages, so der Freund, wolle man die unterirdisch verborgene Station wieder bereitmachen – für einen neuen Start. Das ganze Zentrum um den Alex sei davon betroffen, sagt er.

Obwohl wir lächeln und wissen, dass all dies irgendwie Quatsch ist, habe ich die Bilder genau vor Augen. »Ha, wenn ihr wüsstet!«, ruft mein innerer Berliner, als ich wieder an die Oberfläche Berlins trete und die vorbeigehenden Leute sehe. »Von wejen Fernsehturm! Allet Blödsinn! Dit is 'ne Antenne! Und jetzt wolln se ooch noch Hochhäuser bauen – mitten uff de Raumstation. Mann, ihr werdet vielleicht kieken, wenn eenes Tares der janze Stoob uffwirbelt und sich allet inne Luft erhebt.« Ich sehe vor mir, wie alles hinaufschwebt: das Rote Rathaus die Marienkirche, der Dom, Hotels, Hochhäuser, das neue Fake-Stadtschloss.

»Allet saust durchs All und landet irjendwann uff een fernen Planeten«, spinnt mein innerer Berliner weiter. »›Hä?, werden die Aliens fraren: Wat is'n ditte?‹ Und se werden hilflos uff dit Stadtschloss starren. Wohnen kann man nich drin. Für 'ne Raketenfabrik isset zu kleen. Also, wat isset? Und wir Berliner werden ihnen dit ooch nich saren können. Wir wissen et ja selba nich!«

## Schätzungen aus der Ferne

Man kann sich heftig täuschen. Zum Beispiel, wenn man sich jemanden bildlich vorstellen soll, von dem man nur die Stimme kennt – oder nur Texte mit kleinem Foto. Man denkt, der Mensch ist dünn, aber dann ist er dick. Die Stimme hört sich nett an, dann aber stimmt die Chemie nicht. Mich interessiert das Phänomen solcher Täuschungen. Ich beschloss, ein Experiment zu machen.

Der Anlass dazu ergab sich, als ich in die 6. Klasse einer Marzahner Grundschule eingeladen wurde. Dort liest die Lehrerin wöchentlich meine berlinischen Texte vor. Bevor ich hinfuhr, bat ich die Schüler darum, mein Äußeres und meine Art allein nach den Texten zu beschreiben. In der Schule übergab mir die Lehrerin dann 19 Steckbriefe.

Sina beschrieb mich zum Beispiel so: »groß, dünn, jung, lustig, tiefe Stimme«. Nhi, die aus einer vietnamesischen Familie stammt und am besten von allen berlinern kann, schrieb: »klein, dünn, alt, lustig, tiefe Stimme und trägt eine Brille«.

Interessant ist, dass viele Schüler aus den Texten recht einheitlich auf den Körperbau schlossen. 14 der 19 Schüler beschrieben mich als »dünn« – und es stimmt tatsächlich, dass ich früher so dünn war, dass manche riefen: »Ej, komm hinterm Besenstiel vor!«Das hat sich allerdings verwachsen. Dass ich »normal« aussehen könnte, glaubten allerdings nur zwei der 19 Schüler, einer beschrieb mich als »ein bisschen« dick.

Von Anfang an taxierten mich die Schüler, ob ich ihrer Vorstellung entspräche. Es war wie ein kleiner Wettbewerb. 14 der

19 Schüler hatten mich als »groß« beschrieben, was immer das heute heißen mag. Man guckt ja heute zu manchem Zwei-Meter-Teenager auf. Aber sie waren dann von meiner Angabe »1,84« nicht enttäuscht. Angesichts der Tatsache, dass heute auch mancher Zwölfjährige schon Schuhgröße 43 hat, wurden meine Füße (Größe 42) allerdings als etwas klein befunden.

Durchweg alle Schüler hatten »lustig« oder »ganz tollen Humor« in ihren Steckbrief geschrieben. Louis etwa meinte über mich: »Lustig: auf jeden Fall. Ernst: überhaupt nicht«. Was mir zu denken geben sollte. Ich machte ihnen klar, dass man nicht immer lustig sein kann. Da gehe es mir genauso wie ihnen.

Wer so wie ich Jahrgang 1961 ist und noch mal was Schönes erleben will, sollte aber auf alle Fälle von Kindern sein Alter schätzen lassen. Sogar als ich vor ihnen saß, schätzen mich die meisten auf Anfang bis Mitte 40, eine sogar auf Mitte 30 – Danke Alina! Auf Mitte 50 schätzte mich nur einer, schrieb aber zugleich, ich könnte auch jung sein. Wahrscheinlich liegt dieses Alter ohnehin jenseits aller Vorstellungen. Beneidenswert!

Zusammengefasst lässt sich sagen: Ich bin ein dünner, lustiger Mann, der auf zu kleinem Fuß lebt.

. . . . . . . . . . . . . . . . . . . . . . . . . . . . . . . . . . .

## Die tückische Automatiktür

Meine Frau, die zweimal in der Woche Kampfsport macht, ist vor ein paar Tagen mit einer Schramme auf der Nase und bläulichen Gesichts-Segmenten heimgekehrt. »Huch«, sagte ich, »beim

Training passiert?« Sie schüttelte den Kopf. »Nö«, sagte sie, »im Einkaufs-Center, an der Automatiktür.«

Das Ganze spielte sich folgendermaßen ab: Weil die äußere Automatiktür zur Straße defekt war, hatte das Center-Management ein Windschutz-Gestell dahinter aufgebaut. Mit der Folge, dass die zweite, innere Tür nicht reagierte. Zumindest nicht, als meine Frau aus schrägem Winkel auf sie zukam. Als Entschädigung erhielt sie einen gut bemessenen Einkaufsgutschein. Ob noch andere Leute gegen die Tür gelaufen sind, habe ich nicht erfahren.

Ich misstraue Automatiktüren generell. Wenn ich auf so eine Tür zulaufe, scheint sie noch eine Weile nachzudenken: »Jeh ick nu uff oder nich? Der Typ is ma ville zu schnell. Na jut, ick jeb nach – aber erst im allerletzten Momang!« Also bremse ich lieber etwas ab.

Es gibt viele Möglichkeiten, Abenteuer mit solchen Türen zu erleben. In Lichtenberg sah ich mal, wie eine ältere Frau von einer Laden-Falttür eingeklemmt wurde, die gerade im Begriff war, sich zu schließen. In der Apotheke bei uns um die Ecke wiederum stand die Falttür wochenlang offen, weil sie kaputt war und niemand kam, um sie zu reparieren. Offenbar fehlten Teile. Die armen Apothekerinnen klapperten vor Kälte. Einziger Trost: Die Schnupfenmittel standen gleich in Reichweite.

Eine weitere Variante ist die hypersensible Drehtür. Unser Einkaufs-Center hat gleich vier davon. Sie bewegt sich so langsam, dass man drinnen sein Zelt aufbauen kann. Oft bleibt sie ruckartig stehen. Keiner weiß, warum. Die Drehtür-Passagiere blicken einander vorwurfsvoll an: »Der war's!« – »Nein, der!« Aber man muss gar nicht ungeduldig geschoben haben, damit die Tür beleidigt stehenbleibt. Es reicht, ein bisschen zu scharf zu gucken. Erst nach längerer Ausruhphase setzt sie sich wieder in Bewegung.

Vielleicht sollte man überall wieder gute alte Holztüren einbauen, die man selbst auf- und zumachen kann. Dann aber denke ich an Leute, die mit Taschen und Koffern daherkommen und keine Hand mehr freihaben. Oder an kleine Kinder, die mit ihren Fingerchen zwischen Tür und Angel greifen.

Nein, der Mensch ist für Türen nicht geschaffen. Er hat oft Probleme, selbst mit einfachsten Exemplaren umzugehen. In Berlin ruft man: »Brett ran!«, »Biste inne S-Bahn geboren?« oder »Haste zu Hause Säcke vor de Düre?«, wenn einer die Tür nicht richtig zumacht. Ich plädiere dafür, wirklich ein paar leere Säcke zu nehmen und sie in die Öffnungen zu hängen. Dann tut's auch nicht weh, wenn man mal dagegenläuft.

· · · · · · · · · · · · · · · · · · · · · · · · · · · · · · · · · · · · · ·

## Au, der arme Preiß!

Manchmal wird man mitten in der Stadt von Gegenständen angemotzt. Wie etwa von diesem Fahrkartenautomaten am Alex, der einen mit der Aufschrift anblafft: »Hör auf, deine Münzen an mir zu rubbeln! Und hol dir endlich ein Abo!« Ich erschrecke mich. Erstens wollte ich gar nichts rubbeln (obwohl ich es früher auch gemacht habe, damit Münzen vom Automaten angenommen werden – was sicher eine Einbildung war). Zweitens habe ich schon ein Abo. Drittens: Seit wann dürfen Automaten einfach jemanden anpflaumen?

Ich darf ja so was auch nicht. Dabei würde ich es gerne einmal. Denn in dieser Stadt gibt es ganz schön viel Rubbelei und Rempelei, Körperlichkeiten, die einen unangenehm berühren. Nur ein paar Beispiele aus der S-Bahn: Ein Typ steht an der Tür und knipst sich in aller Seelenruhe die Fingernägel ab. Sie fliegen umher. Selbst mein entgeistertes Starren bringt ihn nicht zur Erkenntnis, dass er irgendwas Ungewöhnliches tut. Ein junges Mädchen popelt selbstvergessen Hautfetzen von ihren Lippen. In der Ecke schnarcht ein Typ mit offenem Mund, sein Kaugummi vollführt darin ein Eigenleben. Ein Mann mit Schnupfen zieht in bestimmten Abständen laut die Nase hoch. Ffhhnnn-ffhhnnn! Ich werde ihm gleich ein Taschentuch schenken.

Beliebt sind auch die Typen mit Rucksack, die sich im Gang heftig umdrehen und der armen Oma auf dem Sitzplatz die Brille von der Nase schießen. Ich würde ihnen am liebsten zurufen: »Ej, du Kamel, schnall deine Höcker ab!« Das würde sich auch gut auf einem Schild an der Wand des Wagens machen.

Apropos Motz-Aufschriften: Aus München erreichte mich ein Foto. Die Brauerei Hacker-Pschorr verteilt dort an Wirte Liegestühle, auf denen der Spruch »Do is bsetzt« einen einheimischen Sitzanspruch geltend macht. Darüber prangt die Warnung: »Nix für Preißn«. Diese beherrscht übrigens die ganze Bier-Kampagne.

Na gut, auf ein Gesöff, das man nur trinken darf, wenn man gutturale bayerische Laute ausstößt, kann ich ruhig pfeifen. Aber als Berliner würde ich mich ohne Probleme in den Liegestuhl setzen. Ich gehöre ja nicht zu den »Preißn«. Das Land Preußen wurde 1947 durch den Alliierten Kontrollrat aufgelöst. Aber solche Nachrichten brauchen freilich etwas länger über die sieben Berge bis ins ferne Bayern.

Natürlich könnte man auch in Berlin auf die Idee kommen, eine Kampagne gegen seltsame Auswärtige zu starten. Mit Schildern an Clubs: »Hier für Bayern / nix zu feiern!« – »Der Trachtenverein / dürf hier nich rein!« Oder am Anlegesteg der Weißen Flotte: »Doofe Bajuwaren / lassen wa nich fahren!« Aber auf solche Ideen würden wir Berliner nie kommen. Auch unsere Molle darf jeder trinken.

Übrigens teilt die Brauerei-Managerin von Hacker-Pschorr zur »Nix-für-Preißn«-Kampagne augenzwinkernd mit: »Kein Feuer, keine Kohle kann brennen so heiß, wie die heimliche Liebe zwischen Bayer und Preiß!« Au, da kriege ich richtig Angst um den armen »Preiß«. Denn bayerische Liebe stelle ich mir etwa so vor wie das Lachen Seehofers.

· · · · · · · · · · · · · · · · · · · · · · · · · · · · · ·

## Gefühlsecht

Mein Chef, der aus Bremen kommt, sagt mir, ein echter Bremer sei man erst nach der dritten Generation, wenn auch die Großeltern schon in Bremen geboren wurden. Erst dann sei man ein »Tagenbaren«, wie der echte Bremer genannt werde. Ich schlussfolgere daraus, dass auch die Bremer Stadtmusikanten niemals echte Bremer geworden wären. Erst ihre Urenkel hätten die Chance gehabt.

Ich finde diese Regelung snobistisch, ja nahezu unverschämt. Zumindest für die Bremer. So was könnte sich Berlin gar nicht erlauben. Denn dann gäbe es bald gar keine echten Berliner mehr.

Ab wann ist man das überhaupt? Reicht es bereits, mit der Matratze unter die Jannowitzbrücke zu ziehen? Oder muss man seinen Erstwohnsitz in Berlin angemeldet haben? Gar hier geboren sein? Oder so heftig berlinern, wie es nicht mal ein Potsdamer kann? Einschlägige Bücher oder Internet-Seiten helfen einem kaum, eine juristisch haltbare Antwort darauf zu finden. Stattdessen kommen sie daher mit drei Millionen Beispielen für gefühltes echtes, sozusagen gefühlsechtes Berliner-Sein.

Dazu gehört: Man fegt Mitte Mai die letzten Silvesterböllerreste weg. – Man ist noch nie auf einem Bierbike durch die Stadt gefahren. – Man steht auf der Rolltreppe rechts. – Man hat vor, für immer in Berlin zu bleiben. – Man bestellt einfach »'n Kaffe« und nicht irgendeinen Schnickschnack-Soja-Dingsbums-Latte. – Man verlässt seinen Kiez nie, außer zum Arbeiten. – Man lacht alle aus, die mal wieder glauben, der Wedding sei »echt im Kommen«. – Man wundert sich über nichts mehr. – Erbrochenes und Uringestank entsetzen einen kaum noch. – Man weiß, dass auch noch die Enkel vom Flughafen Tegel fliegen werden. – Man regt sich nicht mehr »über jeden Furz uff«. – Man trägt »seine Rolex untenrum«, was immer das bedeutet. Ich habe mal nachgeguckt. Offenbar ist gemeint: am linken Handgelenk auf der Innenseite. Und ich dachte erst, es handle sich um einen sauteuren Intimschmuck.

Apropos Rolex untenrum: Die Jungs der Rap-Crew AK Ausserkontrolle definieren das Echte-Berliner-Sein so: »Yeah, echte Berliner, mit sechzehn ein Dealer. / ... Wer steigt in den Benz mit Ballermann in Hand? / Fährt paar hundert Kilometer zu dem Baba deiner Stadt, wer? / Echte Berliner. Echte Berliner.«

Allerdings gibt es Millionen echte Berliner, die so gut wie nie mit dem Ballermann in den Benz steigen. Und auch keinen

»Baba« irgendwo haben. Viele holen sich ihr Bier auch nicht im Späti, brunchen selten bis 15 Uhr und besuchen nie die wilde Clubszene. Sie ärgern sich durchaus über dauernde Provisorien, Dreck, Wurstigkeit und vor sich hin gammelnde Dinge, etwa im einst so beliebten Spreepark.

Von früheren Echte-Berliner-Definitionen fällt mir nur ein, dass man »mit Spreewasser jetauft« sein musste. Und dass einem Leute von außerhalb folgenden Vers entgegenschmetterten: »Icke, icke bin Berliner, / wer mir haut, den hau ick wieda!« Natürlich sollte man als echter Berliner auch »Stulle« sagen statt »Bemme« und »dreiviertel acht« statt »viertel vor acht«, »zu« statt »an« Weihnachten, »Pfannkuchen« statt »Berliner« und »Eierkuchen« statt »Pfannkuchen«. Doch inzwischen ist das vielleicht auch eine etwas zu idealistische Vorstellung. Hier redet ja eh jeder frei nach Schnauze.

Typisch für Berlin ist übrigens auch, dass man hier als ehemaliger Virtuose eines osteuropäischen Spitzenorchesters in der U-Bahn spielen kann – und niemanden juckt's.

»Kommt, lasst das doofe Bremen links liegen«, riefen die Bremer Stadtmusikanten. »Etwas Besseres als den Tod finden wir überall. Wir ziehen nach Berlin. Da können wir überall Musik machen. Es hört zwar keiner zu, aber wir sind wenigstens echte Berliner – Iiii-aaa, wuff-wuff, miau und kikeriki!«

## Was für'n Krieg?

»Mama, warum fährt die Bahn nicht weiter?«, fragte am Freitag auf dem S-Bahnhof ein etwa Vierjähriger. »Wegen einer großen Bombe!«, antwortete die Mutter. Das Kind: »Was für'ne Bombe?« – »Na, die man gefunden hat.« – »Wo kommt'n die her?« – »Na, die is noch aus'm Krieg.« – »Was für'n Krieg?« Tja, was für ein Krieg? Die Antwort an das Kind habe ich nicht mehr mitbekommen.

Die Sperrungen und Evakuierungen am Freitag in der Stadtmitte haben mir mal wieder eines klargemacht: Mittlerweile spürt die siebte Generation in Berlin die Folgen des Zweiten Weltkrieges – wenn auch »nur« in Form einer unbequemen Unterbrechung des Alltags.

Die Ältesten, die den Krieg noch selbst erlebten, gehörten zur Generation der Urururgroßeltern jenes Vierjährigen auf dem S-Bahnhof. Sie waren 1945 etwa 80 Jahre alt. Zwischen den Geburtsdaten der Ältesten und Jüngsten liegen etwa 150 Jahre. Welch eine Dimension!

Als ich vier Jahre alt war, lag das Kriegsende gerade zwei Jahrzehnte zurück. Spuren gab's noch überall: die mit Unkraut überwachsene Ruine in der Nachbarstraße, in der wir als Kinder später nach irgendwelchen Resten suchten, der kaputte Berliner Dom, dessen Kuppeltrümmer man sich angucken konnte, die Einschusslöcher in den Häusern.

Als Kinder spielten wir auf dem Hof Krieg. Ich trug einen Helm aus Plastik und eine Spielzeug-Trommel-MP. »Tod den Faschisten!«, schrie ich beim Vorwärtsstürmen. So hatte ich es in einem Film im Fernsehen gesehen. »So was spielt man doch nicht!«, rief eine empörte Frau aus dem Fenster. Sie hatte noch miterlebt, wie die Rote Armee 1945 unser Haus zur Kaserne machte. Im Erdgeschoss standen die Pferde. Die Wände zwischen den Wohnungen waren durchbrochen. Wenn ich das gewusst hätte! So nah war die Geschichte.

Goebbels hatte 1945 die Bahnlinie in unserer Nähe zur Hauptkampflinie erklärt. Sie lag am Waldrand. Aus Erdlöchern und Einschlagskratern entstand in jenen Wochen eine hügelige Welt, über die später unsere Fahrrad-Rallyestrecke führte. In der Schule belehrte man uns, dass wir im Wald vorsichtig sein sollten: Keine Gegenstände aus Metall anfassen! Wenn wir ein verrostetes Ding finden, sofort Erwachsene informieren, damit sie die Polizei holen! Zuvor sollten wir die Stelle absperren. Man trug ja immer was bei sich, ein Stück Schnur oder so.

Meine Oma hatte 1945 in der bombardierten Stadt drei Jungen durchzubringen. Die Berliner ertrugen damals die Folgen der Katastrophe – die sie ja selbst mit hervorgerufen hatten – mit gewohnter stoischer Schnodderigkeit: »Wir leben jetzt in der Stadt der Warenhäuser«, sagten sie. »Hier waren Häuser und da waren Häuser!« Ihre Stadtteile nannten sie um: in »Klamottenburg«, »Trichterfelde-West« oder »Stehtnix«. Wenn sie sich verabschiedeten, sagten sie: »Bleib übrig!«

Im massiven Schlafzimmerschrank meiner Großeltern steckte ein Bombensplitter. Man sah nur ein Stückchen Metall rausgucken. Ich popelte als Kind oft daran herum. Das Ding steckte ganz tief drin. Niemand hätte es rausbekommen, ohne das ganze Holz zu zerhacken. Ich bedauerte das. Denn ich hätte mit meinem echten Bombensplitter so schön »rumpranzen« können vor meinem Schulfreund, der einen alten Wehrmachtshelm zu Hause hatte.

Heute aber, wenn ich vom Fund einer Bombe aus jenem Krieg höre, denke ich vor allem eins: Das Schicksal bewahre uns vor einer – sicher noch viel schlimmeren – Neuauflage!

## Die ehrliche Stulle

Ich ging dieser Tage an einem Bahnhofs-Backshop vorbei, und da sprang sie mich an: die »Ehrliche Stulle«. Von einem Plakat. Ich sah dunkle Körnerbrotscheiben, dazwischen Putenbrust, Frischkäse, Salat, Tomaten. Huch, dachte ich, das ist ja mal was anderes als Blähbauch-Pappbrötchen oder in Blätterteig versenktes Schrumpelwürstchen, wie man sie sonst bekommt.

Stulle! Was gibt es Berlinischeres? Schon allein der Klang. »Uff'n Hof sitzt olle Schulle: mit 'ne Pulle, 'ne Lulle und 'ne Stulle.« – »Mutta, schmeiß Stulle runta!«, schrien die Hinterhofkinder vor 100 Jahren, verewigt vom Maler Zille. Aus jener Zeit stammt wohl auch der Dialog: »Mutta, for wen is denn die große Stulle?« – »For dir, mein Sohn.« – »Ach, so kleen!« – Mancher ist »doof wie Stulle« und manchem ist überhaupt »allet Stulle«, sprich: egal.

Aber was um Himmels willen ist eine »Ehrliche Stulle«? Labert sie einen voll? Erzählt sie einem, bevor sie selbst gefressen wird, was sie alles ausgefressen hat, gemeinsam mit den anderen Stullen des dicken Brotes?

Klar, natürlich weiß ich, was die Hersteller meinen. Sie betonen eine Art Vollkorn-Bio-Öko-Ballaststoff-Ehrlichkeit – als

Alternative gegen das Getrickse und Gepansche der industriellen Nahrungsmittelbranche. Ich dagegen denke an eine andere Ehrlichkeit, wenn ich das Wort Stulle höre. Nicht an die der Stulle selbst, sondern an die beim Stulle-Essen. Sie spielte in meiner Kindheit nämlich eine ziemlich wichtige Rolle. Und das war so:

Eigentlich aß ich sie ganz gerne, die Frühstücksstulle, die man mir einst für die Schule »schmierte«. Wenn ich sie aber in der Pause zu essen vergaß, schleppte ich sie den ganzen Tag in der Schulmappe herum. Sie wurde warm und weich – was ich überhaupt nicht leiden konnte.

Was nun? Meine Mutter mochte zwar das »Hasenbrot«, wie man die durchweichte Klappstulle nannte. Zumindest hatte sie es als Kind getan. Ich scheute mich aber davor, ihr abends feierlich die Stulle zu überreichen. Auch schämte ich mich, die Stulle nicht gegessen zu haben. Sie einfach wegzuwerfen, traute ich mich nicht. Denn was würden die hungernden Kinder in Vietnam sagen, wo Krieg herrschte? (Für uns in den 1960er Jahren Geborene waren die Kinder in Vietnam das, was für andere später die Kinder in Afrika waren.)

Also tat ich das, was auch viele Politiker und Manager machen: nicht ehrlich zu den Folgen des eigenen Tuns stehen, die Lösung des Problems verschieben. Ich lagerte die in Papier eingewickelte Stulle einfach hinter meinem Regal zwischen. Und vergaß sie. Nach ein paar Wochen, beim Saubermachen, kam sie wieder hervor, grün und schillernd: eine hundertprozentig ehrliche Stulle! Und zugleich ein Mahnmal meiner eigenen Unehrlichkeit.

Die Stullen meines Opas – Jahrgang 1904 – waren übrigens auch ehrlich, und zwar auf ganz eigene Weise, sprich: unverwechselbar. Mein Opa liebte das Kräftige und Deftige. Also kam auf die Stulle in Schichten: Butter, Leberwurst, sogenannte Schlimme-Oogen-Wurscht (Blutwurst mit Fettstückchen drin), darauf Harzer Käse und eine Schicht Senf. Das ganze Konstrukt aß er dann mit Messer und Gabel.

Der Käse wohnte im Küchenschrank. Er roch bestialisch und zerfloss nach und nach in seinem eckigen Glasbehälter. Mein Opa liebte das. Manchmal öffnete er vor meiner Kindernase den Deckel, worauf ich fast in Ohnmacht fiel. »Guck mal, kleene Meedchen!«, sagte er. Denn angeblich wurde der Käse durch Maden lebendig gehalten.

Hallo, ihr mit eurer »Ehrlichen Stulle«, so was könntet ihr doch mal in euer kulinarisches Alternativprogramm aufnehmen!

## Zwitscherei mit Schnauze

Wenn ich mich so durch die Stadt bewege, zücke ich ab und zu mein Büchlein, um etwas festzuhalten. Zum Beispiel, wie eine ältere Frau auf einen Jugendlichen reagiert, der ihr in der Bahn einen Sitzplatz anbietet. »Nee, lassen se mal, ick bin sehr stabil«, sagt sie laut, »das Sitzen überlass ick den jungen Leuten, die haben das nötijer.« Dass der Jugendliche, der hier demonstrativ als Vertreter einer Schlappi-Generation vorgeführt wird, jemals wieder einem älteren Menschen seinen Sitzplatz anbieten wird, wage ich zu bezweifeln. Mein innerer Berliner meckert: »Wenn man schon freundlich een Platz anjeboten kricht, dann hinsetzen!« Allein schon aus Erziehungsgründen.

Offenbar halten nicht wenige Leute solche Alltagsszenen fest. Das habe ich bei Twitter entdeckt. Das von mir lange ignorierte Zwitscher-Portal im Internet ist eine echte Fundgrube für Berliner Mini-Beobachtungen. Die Schreiber müssen hier ihre Beiträge ganz kurz fassen, denn die Zeilenzahl ist begrenzt. Und das kommt den Szenen zugute.

»Berlin, Weißensee. Mutter zum schreienden kleinen Sohn: ›Gustav, du musst lernen, mit deiner Frustration umzugehen.‹ Prenzlauer Berg ist näher, als man denkt«, schreibt zum Beispiel eine nette Kollegin. Sie twittert unter @AnneVau und hat ein großes Talent, Szenen einzufangen. Hier ein paar weitere davon, mit ihren Kommentaren:

»›Woher kommen denn die Eier?‹ ›Vonne Hühner.‹ In Sachen Charme macht man der Marktfrau in Weißensee nix vor.« – »›Ick hab schon wieder zwei Kilo zujenommen, aber is ejal, Hauptsache man friert nich.‹ Berliner Pragmatismus am Morgen.« – »Sie: ›Haste die jesehen? Die hatte höchstens Kleidergröße 38.‹ Er: ›Dünnet Jehopse.‹ Neues Hobby: lästernde Rentnerpärchen belauschen.« – »Im Café riecht es nach Essen. Ich: ›Was duftet denn hier so gut?‹ Kellnerin: ›Dit is mein Deo. Marke Julaschsuppe.‹ Hach, Berlin.«

Beim Lesen der Zwitschereien, die da täglich durch die große digitale Baumkrone schallen, hat man den Eindruck, dass es mehr denn je zum großstädtischen Lifestyle gehört, mit trockenironischem Flügelschlag durch den Alltag zu flattern. Als hätten sich die Schreiber als Kinder ständig Zille-Bücher angeguckt.

Eine junge Mutter schildert, wie sie die Leute in ihrer Umgebung immer wieder mit kessen Sprüchen schockt. Ihre Freunde: »Wir haben auf Amrum Kegelrobben gesehen!« Sie: »Nur eine oder alle Neune?« Oder eine Begegnung mit den Nachbarn: »Ihre kleine Tochter ist ja süß!« – »Danke. Wahnsinn, was man aus

Ejakulat so alles machen kann.« Kommentar: »Ich begrüße neue Nachbarn sozialkompetent.«

Wo und wann sind nur all diese rotzfrechen jungen Frauen herangewachsen? Meine nette Kollegin hat soeben wieder ein paar neue Stadtbeobachtungen getwittert: »Schwarzer Netzstrumpf an weißem Bein, einschneidende Schlüpfer-Erlebnisse und Shirts mit Biersprüchen. Der Alex ist heute mal wieder der schönste Catwalk der Stadt.« – »Fahrerwechsel bei der BVG. Kleinkind schaut mit offenem Mund zu. Nach ein paar Minuten: ›Mama, werden die Busfahrer jetzt umgetauscht?‹«

Ich dagegen kann dem aktuell nur eines dieser Erlebnisse entgegenhalten, über die sich Auswärtige so gern aufregen. Im Bus: Ein alter Mann will ganz vorne aussteigen. Der Busfahrer bellt: »Jeh nach hinten!« Der alte Mann zuckt zusammen: »Jaja, is ja schon gut.« – und eilt wie ein Schüler zur hinteren Tür. Echt preußische Disziplin!

· · · · · · · · · · · · · · · · · · · · · · · · · · · · · · ·

## How up you bird!

Ich staune manchmal, wie munter meine großen Töchter Englisch plappern können, wenn Leute zu Besuch sind, die sie im Auslandsjahr oder auf einer Reise kennengelernt haben. Sind das wirklich noch dieselben Kinder, die einst dachten, der Buchstabe im Namen von George W. Bush laute »Dabbelduh«? Oder die sich mit der Oma stritten, weil sie fest der Überzeugung waren, das Weihnachtslied heiße »Jinguubells«?

Mein Basis-Englisch stammt noch aus der Ära Tom und Peggy. So hießen die beiden Hauptfiguren der Sendung »English for you«, die während meiner Schulzeit in den 1970er Jahren im DDR-Fernsehen lief. Tom und Peggy waren zwei junge Briten, die sich viel mit Politik, Gewerkschaften und sozialen Problemen befassten. Um Alltagsszenen – wie man zum Bus kommt oder im Restaurant bestellt – ging es zwar auch. Aber ich kann mich nicht erinnern, nur ein einziges Mal die Wendung »You're welcome!« gehört zu haben, die doch im Alltag alle naselang genutzt wird.

Sendungen konnte man damals leider nicht aufnehmen. Also saß die ganze Klasse im Unterricht live vor dem Fernseher. Die Lehrerin passte auf wie ein Schießhund. Wenn nämlich der Moment kam, in dem die Moderatorin aufforderte, etwas zu wiederholen (»Say after me«), hatte sie schnell einen Schüler ranzunehmen. »Please, Sabine!« Oft kam dann: »Hä?« Plautz, der Moment war vorüber!

Der einzige Satz, den ich aus der Sendung bis heute behalten habe, war der eines »Rent Collectors« – eines Mieteneintreibers. Der Kapitalistenknecht demonstrierte seine Methoden anhand einer Zitrone, die er mit seiner kräftigen Faust zerdrückte, bis auch der allerletzte Tropfen raus war. Der Satz klang so: »Ei squiiiz it änd squiiiz it, bat ssear isn't äni dschuuus in it!« (Ich quetsch sie und quetsch sie, aber es ist kein Saft drin.) Andere Englisch-Brocken holten wir uns aus Songs von Rockbands.

Viele Leute regen sich auf, dass heute in bestimmten Ecken Berlins nur noch Englisch gesprochen wird – oder es zumindest so scheint. Ich kann sie verstehen, obwohl ich mich erst mal freue, dass Berlin so weltoffen ist. Allerdings glaube ich auch, dass man die Sprachvielfalt einer Stadt bewusst pflegen sollte. Und dass nicht jeder irgendwas in Englisch radebrechen muss, nur weil Kellner desinteressiert sind, sich auf die Gäste einzustellen.

Und mal unter uns: Lieber ehrlich berlinern, als sich was Albernes auf Englisch abringen. So wie der Bäcker, der auf ein Schild schrieb: »Take me home: delicious Brötchen, fresh belegt, ab 1,75 Euro«. Was demonstriert man damit? Besser wäre doch: »Berliner Schrippe mit wat druff«. Da lernt der Gast wenigstens noch was über die Feinheiten des regionalen Slangs.

Allerdings könnte man das falsche Englisch auch bewusst ausbauen, um Besucher restlos zu verwirren. Nach dem Prinzip des Filser-Englisch, benannt nach Josef Filser, einer Figur aus einem Roman von Ludwig Thoma. Beliebt sind etwa »You are on the woodway« (»Du bist auf dem Holzweg«) oder »No one can reach me the water« (»Keiner kann mir das Wasser reichen«).

Man könnte auch berlinische Sprüche herrlich ins Filserische übersetzen: »How up you bird!« (»Hau ab, du Voorel!«) – »This is me sausage!« (»Dit is mir wurscht!«) – »He belongs in the Kitchen.« (»Der jehört injesperrt.«) – »The dove will not all!« (»Die Doofen werden nich alle!«) – »There will the dog in the pan crazy!« (»Da wird der Hund inne Fanne varrickt!«) – »Head to or it bangs!« (»Kopp zu oder et knallt!«).

# Philosophie des Bahnhofsklos

»Jeder hat heutzutaare 'ne Fillesofie«, sagt mein alter Schulkumpel. »Früher is man einfach uffs Klo jejangen, für'n paar Fennje oder kostenlos. Heute zahlste 'n Euro fürs Pinkeln und kriegst 'ne Fillesofie dazu. Wahrscheinlich is die so teuer, weil da 'n paar Dutzend Uni-Fillesofen dran jebrütet ham.«

Den Anlass für das Genörgel bildete die Entdeckung einer Tafel im Bahnhofs-Toilettenzentrum am Alex. Unter dem Titel »Unsere Philosophie« begründet das Bahnhofsklo, nennen wir es Pipapo, wortreich sein Dasein als Bedürfnisstätte: »Pipapo ist der Name für unseren Anspruch an Sauberkeit und Service. Unsere Gäste sollen sich bei uns sicher und wohl fühlen und das ›erfrischend andere WC‹ erleben. Pipapo überzeugt durch seine Architektur und die hochwertige Ausstattung. Durchdachte Funktionalität und eine ansprechende Atmosphäre verbinden sich zu einer harmonischen Einheit, in der ein freundlicher und zuvorkommender Service selbstverständlich ist.«

So was findet man heutzutage überall. Alle müssen sich eine sogenannte Philosophie zulegen, statt einfach ihre Arbeit zu machen – auch Hotels, Sanitätshäuser, Backshops, Reisebüros, Tankstellen, Klempnerbuden. Hier wird ein Begriff, der aus dem Lateinischen übersetzt »Liebe zur Weisheit« bedeutet, total verwässert. Es fehlt nicht viel und man hört Dialoge wie diesen: »Was studierst'n?« – »Philosophie.« – »Ach, dann schreibst du später mal die Werbetexte für die Bahnhofsklos?«

Gewiss, auch das Klo könnte durchaus Gegenstand echter Philosophie sein, frei nach Kants Grundfragen: Was kann ich wissen? Was ist der Mensch? Was soll ich tun? Was darf ich hoffen? Vielleicht ist der Mensch ja wirklich nur ein wandelndes Darmrohr mit hochtrabenden Ambitionen, die spätestens da enden, wo er ganz schnell das Örtchen aufsuchen muss. Alles in allem gilt aber auch hier – Achtung Karl-Marx-Jahr! – der Satz: »Die Philosophen haben die Welt nur verschieden interpretiert; es kommt aber darauf an, sie zu verändern.«

»Stimmt jenau, mein Freundchen«, sagt mein Schulkumpel. »Vor allem: Du sollst nich so ville soofen!« So lautet nämlich seine persönliche Definition für das, was Philosophen tun. »Dann könntste nämlich sehn, dettet um de sojenannte Klo-Fillesofie in dieser Stadt schlimm bestellt is. Neulich wollt ick een besuchen, irjendwo weiter draußen. Schon inne S-Bahn hat dit anjefang zu rumoren in meene Wampe. Ick also raus aus de Bahn und wie'n Irrer jeflitzt. Doch nirjendwo war 'n Klo. Sojar am Bahnhof, wo früher überall 'n Häuschen jewesen is. Nischt wie tote Hose. Oder bessa: volle Hose. Denn füllesofisch is ja klar, laut olle Marx: De Theorie wird zur materiellen Jewalt, sobald se de Massen ergreift. Und die wollten einfach raus! Ick also drei Kilometer jejachert und hab et jerade noch bis in so 'ne Schule jeschafft, wo mich der Hausmeesta rinjelassen hat, damit ick ma nich ins Jebüsch vor seine Schule hocke. Total peinlich!«

So etwas kann einem zu jeder Zeit in vielen Gegenden Berlins passieren. Eine Schande! Da nützen auch die paar zentralen Bahnhofsklos mit ihrer überteuerten Pipapo-Philosophie nichts. Ehrlich gesagt bin ich geneigt, sie aus dem Rahmen zu reißen und mir damit den Allerwertesten abzuwischen. Nur, damit das mal klar ist.

## Geil ist das neue Knorke

Neulich schrieb eine nette Kollegin, sie und viele Leser könnten manche Wörter nicht mehr hören, darunter Sprachmarotten wie »sehr gerne«, »dafür nicht«, »lecker«, »total«, »wahnsinnig«. Ich kann das verstehen. Es war schon immer so und wird immer so sein, dass man sich über Sprache aufregt. Schon Tucholsky parodierte 1932 den Stil eines Schulaufsatzes: »Goethe ist nicht knorke«, heißt es darin – und dies ist ein Stilbruch. Denn Goethe war ja im Grunde weder »knorke« noch »dobje« (ein Wort, das in Berlin auch mal populär war), »schnieke«, »dufte« oder »schnafte«. Er war auch nicht »cool«, »krass«, »irre«, »bekloppt«, »geil« und »mega«, wie man heute vielleicht sagen würde. Er war einfach Goethe.

Man kann hier sehr gut sehen, welchen Weg Wörter nehmen. Sie tauchen auf, wandern durch die Gesellschaft und verschwinden irgendwann. Der Trend geht zur Abschwächung von Begriffen, bis dahin, dass sie plötzlich sinnentleert sind.

Wenn ein Ritter einst »vermaledeit«, »zum Geier«, »Hundsfott«, »Pest und Pocken!« schimpfte, dann wackelte die Heide. Menschen bekreuzigten sich aus Angst vor dem Bösen, das solcherlei hervorrufen konnte. Heute klingt es nur noch albern.

Meine über 80-jährige Tante aus Lichtenberg erinnert sich, wie sie als Kind zum ersten Mal den schönen alten Vers gehört habe: »Donnerwetter, / mang de Bretter / sitzt 'n Kater / macht Theater!« Beim Wort »Donnerwetter« sei sie entsetzt zusammengezuckt, erzählt sie. Denn fluchen durfte man ja nicht. Auch Wörter wie »verdammt« lösten sofort Missbilligung bei den protestantischen Erwachsenen aus. Wer kann sich das heute noch vorstellen?

Oder das Wort »geil«. Meine Tante nutzte einmal den Begriff »geile Triebe«, und unsere halbwüchsigen Mädels kicherten. Was die Tante da redet! Dabei ist es ein biologischer Ausdruck dafür, dass eine Pflanze dünne Triebe bildet, die schnell hochschießen, um zu einer Lichtquelle zu gelangen. Heute dagegen fördert die Werbung mit Slogans wie »Geiz ist geil!« die Sinnentleerung eines einst eindeutig biologisch und sexuell geprägten Wortes.

Oder eine andere Wandlung: Der Begriff »toll« wurde früher eindeutig für jemanden benutzt, den man ins Tollhaus sperren musste. Luther beschimpfte einst die »tollen Pfaffen und Mönche«. Später entstand der »tolle Hecht« als Anerkennung für irgendeinen Überfliegertypen. Und heute sagt man ironisch »Na toll!«, wenn einem das Glas Bier umfällt. Es hat überhaupt keine Bedeutung mehr.

»Super« wiederum war einst nur eine Vorsilbe, die »über« bedeutete. Eine Superinfektion ist also nichts, worüber man sich super freuen kann, sondern eine Infektion, die sich auf eine andere draufsetzt. Beispiel: Der Grippe folgt die Blasenentzündung. »Na super!« heißt es da heute ironisch.

Sogar Urgroßeltern sagen inzwischen »super«, »okay« und »cool«. Frühere Jugendausdrücke sind längst in ihre Generation gewandert, haben das Abgrenzende verloren. Das Wort »Scheiße« – in meiner Jugendzeit noch ein drastischer Ausdruck – wird mittlerweile in romantischen Schlagern genutzt. In amerikanischen Filmen wiederum ist alles »fuck, fuck, fuck«.

Also rücken andere Begriffe nach – »Porno«, »pervers«, »Mörder« oder »Killer« sind schon lange Worte, die Begeisterung ausdrücken sollen wie einst »knorke«. Ich würde gerne wissen, was danach noch kommt. Oder vielleicht auch besser nicht.

* * * * * * * * * * * * * * * * * * * * * * * * * * * * * * * *

## Zwee linke Footen

»Dit is ja 'ne richtije Wissenschaft«, sagt der Berliner manchmal. Dabei denkt er weniger an echte Forschung, sondern er sagt es, wenn ihm etwas ganz besonders kompliziert erscheint. Zum Beispiel, wenn er mit einer Möbelbauanleitung nicht klarkommt. »Eh, Jennifa, dit is ja 'ne richtije Wissenschaft hier«, ruft er dann, »det dauert ja ewich und drei Taare, bis ick dit zusammjefriemelt habe.«

Drei Stunden später: »So 'n Mist! Wat ist dit überhaupt für 'ne Anleitung? Dit ham sich irjendwelche Intellijenzbestien und Umstandspinsel ausjedacht, die nie selba 'n Schraumzieha inne Hand jehabt ham.«

Mal ganz abgesehen davon, dass Wissenschaftler selten Möbelbauanleitungen entwickeln – woher kommt eigentlich die uralte Vorstellung, geistig tätige Leute seien weltfremd, hätten »zwee linke Footen«, dächten »fünf Mal um de Ecke«, seien »zu allem fähich und zu nix zu jebrauchen« und trügen »olle Knochen von een Grab int andere«? Dieses Klischee kulminiert im Einstein-Bild, das ich mal von einem Bekannten gehört habe: »Een Jenie mit Wuschelkopp war er jewesen, aber 'n Topp Bohnen konnta sich nich warm machen!«

Als ich ein Schulkind war, hatten wir in der Klasse einen blassen Jungen mit dicken Brillengläsern. Er kam oft zu spät, träumte vor sich hin, vergaß seinen Turnbeutel, verbummelte die Essenmarke. Die Lehrerin nannte ihn den »zerstreuten Professor«. Im Mietshaus meines Opas, Jahrgang 1904, wiederum wohnte ein »echter Professor«. Er war selten anzutreffen. Doch die Frau, die den ganzen Tag zu Hause saß, hieß natürlich »Frau Professa«. Dies waren die zwei Seiten des verbreiteten Wissenschaftlerbildes: die Komik und der Dünkel.

Gott sei dank gibt es seit Jahren die Lange Nacht der Wissenschaften. Tausende Berliner können ihre Nase in Labore stecken und sehen, dass Wissenschaftler nicht nur bodenständige Menschen sein können, sondern oft auch friemeln und tüfteln wie Manne im Bastelschuppen. Zum Beispiel an der TU, wo Forscher Mini-Satelliten bauen, die im All herumfliegen, und wo Werkstoffe entwickelt werden, die Flugzeuge immer leichter und stabiler machen. Ganz doof werden auch jene Forscher aus Berlin-Brandenburg nicht gewesen sein, die einst so praktische Sachen wie die Zuckerherstellung aus Rüben, das Ohropax, den Pappteller, die Thermoskanne, das Teelicht und die Tempo-Erbsen erfunden haben.

Natürlich gibt es auch immer mal wieder Scharlatane in der Wissenschaft, wie jüngere Debatte über die Genese mancher Doktorarbeit zeigen. Der von mir sehr gemochte und leider heute fast vergessene Berliner Dichter Alexander Moszkowski – übrigens ein Freund Einsteins – wusste das schon vor 100 Jahren. In seinem Gedicht »Wie eine medizinische Doktor-Dissertation entsteht« fragt ein Kandidat einen älteren Kollegen, woher er das Thema zu seiner schriftlichen Dissertation nehmen solle. Der Kollege antwortet, er brauche dazu nur einen Hund und eine

Drogerie. Dann könne er ganz viele Experimente machen. Zum Beispiel so:

> »Nun nehmen Sie den Hund hervor
> Und füttern ihn mit Chlor und Bor
> Und sehen zu und geben acht,
> Was dann der Pintscher darauf macht.
> Der Hund besorgt schon das Geschäft,
> Sie schreiben alles in Ihr Heft
> Teils vor, teils nach der Obduktion,
> Da ist die Dissertation.«

Proteste von Tierfreunden bitte direkt an Alexander Moszkowski, verstorben 1934. Wer es schafft, ohne Bastelanleitung eine Zeitmaschine zusammenzubauen, kann ihn ja mal besuchen.

. . . . . . . . . . . . . . . . . . . . . . . . . . . . . . . . . . .

## Diese oder keine nich!

Ein wunderhübsches Mädchen mit schulterfreier Bluse und Hotpants sitzt in der S-Bahn. Ihr schräg gegenüber ein Typ mit blauem Shirt. Das Mädchen hat ihn bemerkt. Es lächelt, hört Musik, blickt aus dem Fenster, wippt mit dem Fuß, zieht einen Schmollmund.

Der Typ ist unruhig. Er schlägt sich im Takt mit dem Handy aufs Bein. Ein Blickkontakt wird leider durch seine Sonnenbrille behindert. Einige Stationen weiter steigen wir alle aus. Beim

Ausgang zur Treppe geraten die beiden plötzlich dicht nebeneinander. Jetzt, denke ich, könnte er sich ihr kurz zuwenden und etwas sagen. Doch nichts passiert. Sie biegt zum Bahnhofs-Späti ab, er geht zur Straßenbahnhaltestelle weiter. Dort steht er herum, blickt ab und zu zum Späti rüber, ob sie wieder auftaucht. Sie kommt nicht. Stattdessen seine Bahn. Er steigt ein, fährt weg. Einen Moment später tritt sie aus dem Späti.

Ach, wie gut ich solche Situationen kenne! Ich war einst selbst ein Meister verpasster Gelegenheiten. Verpasst, das bedeutet meist: für immer weg und perdu. Man kann vielleicht auf ein Zufalls-Wiedertreffen hoffen oder irgendwo am Bahnsteig-Kiosk einen Zettel anpinnen. So wie vor Wochen eine 16-Jährige an der Bornholmer Straße. Sie suchte den »Jungen vom Gleis gegenüber«, mit dem sie sich lange angeschaut hatte. Schließlich fand sie ihn – nicht zuletzt mithilfe der Medien, die sich eingeschaltet hatten.

Ich finde es schön, dass Bekanntschaften auch heute noch aus echten Augen-Blicken entstehen können. Man hatte ja schon den Eindruck, dass sich Unter-30-Jährige mögliche Partner nur noch über Dating-Apps auf dem Handy suchen. Offenbar ist das nicht so.

Die oft gescholtene digitale Welt bietet sogar etwas, das es zu Zeiten meiner verpassten Gelegenheiten nicht gab: die Möglichkeit zur nachträglichen Korrektur. Ein Beispiel ist die Rubrik »Meine Augenblicke« auf der Internetseite der BVG. Die Verkehrsbetriebe haben sie vor Jahren eingerichtet – für genau jene Momente, in denen jemand verpasst hat, irgendwas zu sagen oder zu tun.

Das Herz geht einem auf, wenn man liest, wie »Jessy mit den Kopfhörern« die »tätowierte Schlafmütze aus der U6« sucht.

Oder wie eine »EnLe« über ihre Begegnung in der U7 schreibt: »Ich hatte Erdbeeren und Heidelbeeren eingekauft und du hast mich angelächelt.« Oder wie »stadtkind405« seiner Begegnung aus der M4 hinterherruft: »Du bist so wunderschön und sexy … bitte melde dich, schöne Unbekannte!«

So rührend das alles ist – zwei Anmerkungen sind angebracht. Erstens: Es handelt sich natürlich meist um Eintagsfliegen. Nicht jedes Lächeln, jeder Plausch sind dafür gedacht, irgendwelche Folgen nach sich zu ziehen. Zweitens: Die Möglichkeit, sich hinterher übers Internet noch mal zu melden, fördert im Grunde die Feigheit im entscheidenden Moment. Man muss ja jetzt nichts sagen, sondern kann später in Ruhe seine Botschaft über bvg. de senden. Anders gesagt: Die zweite Chance wird zur ersten Option. Aber Schüchternheit ist keine Erscheinung der Neuzeit.

Der Berliner Dichter Adolf Glaßbrenner reimte einst in Richtung seiner Angebeteten:

Wenn ick, liebe Friederike,
Dir so still bescheiden kieke,
O, dann denkt mein Herz bei sich:
Diese oder keine nich!

Mein innerer Berliner hat das Ganze an die heutige Zeit angepasst:

Wenn ick dir, du kleene Schnieke,
inne Bahn verliebt bekieke,
denk ick mir: Keen Stress, meen Juta!
Schließlich hab ick 'n Compjuta!

## Des, det, dit und dis

Ja klar, es gibt schon gewisse Streitpunkte in Berlin: der Flughafen, die Radfahrersicherheit, der Wohnungsbau, die Mieten … Aber was ist das alles schon gegen die wirklich knallharten Konflikte, zum Beispiel den Streit, ob man im Berlinischen »det« oder »dit« sagt? Ja, es gibt ihn wirklich. Ich beobachte ihn seit einiger Zeit.

Zum Beispiel rief mich eine Frau an und beklagte aufgeregt, dass ich immer »dit« schreibe, wenn ich berlinere. Dabei sage man als Berliner doch »det«. Ein anderer schrieb: »Ich bin 1937 nach Berlin gekommen und habe etwa 20 Jahre in Britz gelebt. Mir ist da nur ein ›det‹ begegnet.« Es gibt aber auch jene, die behaupten, dass man als echter Berliner nur »dit« sage. »Dit is doch klar wie Kloßbrühe!«, schrieb einer auf Facebook, als sich tatsächlich ein paar Leute um das kleine Wörtchen stritten.

Ich möchte unbedingt verhindern, dass eines Tages Berliner auf dem Alex stehen, sich gegenseitig mit dicken Wörterbüchern auf den Kopf hauen und schreien: »Dit heißt dit!« – »Det heißt det!« – »dit« – »det« – »dit« – »det« – »dit« – »det«.

Meine Meinung ist: Beide Seiten haben recht, je nach Generation. Wenn ich an meinen Opa, Jahrgang 1904, denke, höre ich eher »det«. Doch ich und meine Altersgefährten sagen »dit« oder irgendwas dazwischen, also »d't«. In den vergangenen Jahrzehnten hat sich also einiges verschoben. So schreibt auch der Berliner Autor Jan Eik: »Eine dringend erforderliche Promotionsschrift über die historische Verschiebung der det/dit-Grenze in Stadt,

Umland und zwischen den Generationen scheint noch auszustehen.« Wenn man damit Doktor werden kann – nur zu!

Spannend wird es, wenn man noch weiter in die Vergangenheit zurückschaut. So schrieb die Sprachforscherin Agathe Lasch 1928: »Die alte berlinische Form ist nicht ›det‹, sondern ›des‹.« Diese sei bis ins 19. Jahrhundert hinein genutzt worden. Andere Forscher erklären, »des« sei vor allem als vornehmere Form verwendet worden. Ich fand zum Beispiel ein Gedicht von Friedrich Eduard Moll, entstanden Mitte des 19. Jahrhunderts, in dem ein Mann seine Frau ermahnt, pünktlich zum Mittag die Semmelsuppe auf den Tisch zu stellen:

»Deß ick jo die Suppe finde,
Ooch jenießbar vor des Kind,
Punkto Zwölbe, hörschte, Du?«
Fügte er mit Ernst hinzu.

Also war »des Kind« damals eine übliche Wendung. Aus »des« wurde schließlich »det«. Doch schon in den 1980er Jahren stellten Forscher fest, dass junge Leute überwiegend »dit« sagten, obwohl doch »det« für das Berlinische typisch sei. Es heißt: »Wat is ’n dit?« oder als Antwort auf die Frage, was man im Laden haben will: »Ditte da!«

Der Berliner Spruch »Icke, dette, kieke mal« beweise aber doch, dass »det« das Berliner Original sei, hielt mir jemand entgegen. Aber nichts ist falscher als dieser Spruch. Zum Beispiel sagt heute kaum jemand noch »kieke mal«. Es heißt ganz kurz »kiek ma«. Und »dette« steht auch nicht für »det«. Es ist eine Form für »dass du«. Also: »Mach, dette vaschwindest!«

Wie Kommentare auf einen »det/dit«-Streit im Internet zeigten, sagen viele junge Berliner heute aber weder »det« noch »dit«, sondern »dis«. Auch dieses Wörtchen fand die Forscherin Agathe Lasch schon vor 90 Jahren in der Umgangssprache. Da kann man nur sagen: »Na, dis is mir doch zu arg!«

· · · · · · · · · · · · · · · · · · · · · · · · · · · · · · · · · · ·

## Au Backe, oh weh oh weh!

Ich bin kein Fußballfan. Dennoch habe ich mir am Mittwoch beim Public Viewing – also dem Öffentlich-Gucking – das Spiel angeschaut, in dem »Die Mannschaft« unterging. Das will ich nicht weiter kommentieren. Ist ja schon zur Genüge geschehen. Mir jedenfalls stellt sich die deutsche WM-Geschichte der vergangenen Jahre so dar: 2006: »Weltmeister der Herzen« – 2010: Vuvuzela-Tut-Tut – 2014: »So gehen die Gauchos, die Gauchos, die gehen so …« – 2018: Lieber ein Ende mit Schrecken als ein Schrecken ohne Ende.

Zum Glück kann der Berliner mit solchen Niederlagen umgehen. Wenn er mal eine miterleben muss, reagiert er mit herzerfrischenden Meckerrufen: »Au Backe, o weh o weh!« – »Großer Jott! Junge, Junge!« – »Dit is ja hier jakeen Vaein!« – »Ick hab schon mal mehr jelacht!« – »Unter aller Sau!« – »Unter aller Kanone!« – »Zwee linke Füße!« – »Hauptsache, die Frisur sitzt!« – »Den ballert ja meene Oma mit 'n Krückstock rin!« – »Die kriejen richtich Keile, und zwar nach Noten!« – »Die fliejen achtkantich raus! – »Da hört sich doch de Weltjeschichte uff!« – »Bloß nich ärjern, nur wundern!«

Apropos Ende mit Schrecken: Ich fand es zunächst seltsam, dass ich seit Beginn der WM als Wissenschaftsredakteur von verschiedenen Firmen und Forschern Materialien zugeschickt bekommen habe, die zeigen sollen, wie schrecklich gefährlich Fußball ist. Warum gerade jetzt?, fragte ich mich. Wollen die schlechte Stimmung verbreiten? Aber nun, wo unser Edel-Kader nicht mehr in Gefahr ist, kann ich die Sachen ja rausholen. Damit alle erleichtert sind, dass sich Jogis Jungs in Sicherheit befinden. Hier eine Rede, die mein innerer Berliner dazu entworfen hat:

»Fußball is jefährlich, Freunde. Kreuzbandrissjefährlich! Seid nur froh, dass die Jungs vom rutschijen Rasen weg sind. Wo die doch noch so jung sind. Fußballspielen is wie 'n Anatomiekurs, nur am eijenen Körper. Da lernste Ecken kennen, wo de noch nie wat von jehört hast. Nehm wa nur mal hier: Syndesmoseband, jenau da, wo Schienbein und Wadenbein zusammkomm. Wenn dit reißt, dann jibt et 'n richtijet Aua! Und drei Monate Ausfall. Übahaupt, dit wacklije Sprungjelenk. Ick sach nur mal: Distorsionstrauma. Fuß umjeknickt. So wat möchte keena haben. Passiert aber oft.

Oder hier: Wat 'ne Patellasehne is, dit wissen Schweini und Ronaldo schon lange. Nur du nich! Die looft über de Kniescheibe, von ohm nach unten. Und oft streikt se. Denn muss der Doktor ran, mit Wärme und Kälte. Manchmal macht se aber ooch gleich richtig ratsch – und der Doktor muss den janzen Klumpatsch mit Nadel und Faden zusammenflicken.

Oder hier: Adduktorenzerrung! Böse Schmerzen inne Leiste. Humpeln am Stock. Prellungen und Muskelzerrungen – so wat haste als Fußballer so jut wie jeden Tach, is fast schon Pipifax. Uff jeden Fall kannste am Ende janz jenau herbeten, aus wat für Bänder, Sehnen und Faserstrippen du zusammjeknüppert bist.

Aba leider vajisste allet wieder. Und zwar wejen de Kopfbälle! Commotio cerebri – da staunste, wat? Is 'ne Jehirnerschütterung. Die Amis ham dazu 'ne Studie jemacht. Bei mehr als tausend Kopfbälle im Jahr melden sich uff lange Sicht sojar de Hirnzellen ab. Denn kannste dir nischt mehr merken. Bessa is et also, wenn de den Ball schön flachhältst, flach wie 'ne Flunder, Luft raus, möchlichst in ruhender Position. Im Liejen, uff de Bank!

Und für alle die andern, die noch immer mitmachen müssen: Ville Spaß bei der WM!«

## Zu Gast im Schloss

»Wat, du liest in 'nem echten Schloss?«, fragt mein alter Schulkumpel. »Pass uff, wenn de da rinkommst, schwirrt bestimmt gleich so 'n adlijet Frollein herbei und bejießt da mit Schampus. Und wenn de liest, sitzte uffm joldnen Thron und neben dir steht so 'n Epaulettenfritze und fächelt dir Luft zu. Ick hau ma weg! Der Herr liest im Schloss, ej!«

Ganz so geschah es dann doch nicht. Als ich in Alt-Hohenschönhausen ankam, wo ich aus meinen Berlin-Geschichten lesen sollte, sah ich gar kein Schloss. Nichts von Park und barocker Fassade, wie man es sonst so kennt. Überragt von Hochhäusern stand da nur eine große, ziemlich alt aussehende Villa.

Das einstige Gutshaus in der Hauptstraße 44, gebaut im 17. Jahrhundert, wird tatsächlich Schloss genannt. Auf einer Postkarte kann man sehen, dass es früher eine stattliche Fassade besaß, mit Stuckornamenten, Giebel und Freitreppe. Heute ist das Meiste nur noch zu erahnen – bis auf das hübsche schmiedeeiserne Balkongitter, an dem ein vergoldeter Kopf blinkt. Ein Ergebnis der Arbeit jener Leute, die aus dem Haus wieder ein richtiges Schloss machen wollen – ein Bürgerschloss. Seit Jahren ist ein Förderverein dabei, das Gebäude zu rekonstruieren, mit Dach, Fenstern, Fassade und Innenleben. Bereits jetzt steht das Haus allen offen und bietet Veranstaltungen an.

Als ich hineinging, empfing mich zwar kein adliges Fräulein, aber dafür saßen im Saal viele Leute, die fest zum Lachen entschlossen waren. Sie tranken Bier und Wein. Ich thronte vor ihnen in einem Wohnzimmersessel, und wenn ich kurz die Augen schloss, schien es tatsächlich so, als säße ich bei einem kleinen Schlossempfang.

Später erfuhr ich, dass hier von 1910 bis 1929 der Erfinder und Unternehmer Paul Schmidt gewohnt hatte, der das Patent für die erste batteriebetriebene Taschenlampe in Deutschland besaß und in seinen Daimon-Werken 4.500 Menschen beschäftigte. Nach ihm übernahm das Land Berlin das Schloss. Es wurde als Krippe, Kindergarten und Krankenhaus genutzt.

Das Schlösschen ist eine schlummernde Schönheit, die man in vielen Jahrzehnten mit Putz und Ölfarbe zugekleistert und am Ende ganz vergessen hat. Nun wird sie langsam aufgeweckt und befreit. Die Wandbilder im Foyer erinnern mit ihrem roten Hintergrund an Wandbemalungen in den Villen von Pompeji. Sie stammen aus der Zeit um 1890 und zeigen idyllische Szenen aus dem Spätbarock. An der Decke kann man Reste des früheren ornamentreichen Holzstucks sehen, der einst mit Gold verziert war. Wenn dies alles irgendwann wieder zum Strahlen gebracht werden kann, wird das Schlösschen eines der schönsten Häuser Berlins sein.

Ich hatte hier einen Abend lang viel Spaß. Nach der Lesung kam eine Zuhörerin – sie hieß Gabi – auf mich zu und sagte: »Ich bin in diesem Haus geboren!« – »Wie das?«, fragte ich und erfuhr, dass das Schloss von 1957 bis 1972 die Entbindungsstation des Krankenhauses Weißensee war. Und dass hier etwa 11.000 Kinder geboren wurden. Der Förderverein Schloss Hohenschönhausen hat bereits viele Lebensgeschichten gesammelt.

Für mich ist das ein Grund mehr, aus dem Haus wieder ein richtiges strahlendes Schlösschen zu machen. Eines Tages könnte dann eine Oma mit ihrer kleinen Enkelin durch die Räume wandeln und sagen: »Guck mal, Oma ist hier geboren.« Das Kind würde vielleicht große Augen bekommen und fragen: »Oh, da bist du wohl eine echte Prinzessin?« Und was will man als Oma mehr?

· · · · · · · · · · · · · · · · · · · · · · · · · · · · · · · ·

## Scheint die Sonne so heiß

Jetzt am Wochenende soll ja endlich die Sonne zurückkehren. Viele Berliner jubeln. Meine Frau auch. Für sie kann es gar nicht heiß genug sein. Ich dagegen finde es ganz gut so, mit Wolken. Meine Vorfahren waren wahrscheinlich Wikinger mit bleicher Haut. Im Urlaub, am Strand, liegt meine Frau brutzelnd in der Sonne wie ein Grillhuhn, während ich im Schatten hinterm Strandkorb hocke. Im Straßencafé suchen wir uns meist einen

Tisch, auf dem der Sonnenschirm eine scharfe Grenze zieht. Ein Stuhl steht im Schatten, einer in der Sonne. Was aber leider nicht so bleibt, weil die Sonne wandert.

Also entspinnt sich bei der Tischsuche folgendes Gespräch: Ich (beim Blick in die Sonne): »Wo wandert 'n dit Ding hin?« – Sie: »Na, überleg mal: Wo ist Westen?« – Ich: »Na, da! Äh, nee, da! Oder da?« – Sie: »Du hast wohl in der Schule nicht aufjepasst? Lass uns mal da rübergehen!«

Zugegeben, ab und zu sitze ich auch mal in der Sonne. Ich liebe vor allem die Abendsonne, die alles in warmes Licht taucht. Ich stapfe auch bei Sonnenschein mit den Kindern durch die Gegend und singe das Sonnenlied: »Scheint die Sonne so warm, / klemm ick mir Papier untern Arm. / Scheint die Sonne so heiß, / setz ick mir hin und sch...«

Natürlich geht das Lied nahtlos weiter mit »Scheint die Sonne so warm«, wir singen ja niemals unanständige Lieder.

Die Sonne über Berlin ist ein heikles Ding. Sie kann richtig gefährlich werden. Eine Leserin erzählte mir vom Unglück ihrer Nachbarin: »Auf ihrem Balkon hat sich die trockene, torfhaltige Gartenerde in den Blumenkästen selbst entzündet! Die Feuerwehr musste löschen.« Schuld sei die Sonne gewesen, die auf den Balkon knallte. »Die sogenannten Bewässerungskugeln wirken wie Brenngläser und beschleunigen diesen Vorgang. Wir fragen uns, warum es keine Warnungen bisher gibt?!?!«

Ja, warum gibt es keine Warnungen? Warum warnt auch niemand die armen Menschen, die sich alle Kleider vom Leibe reißen, sobald die Sonne rauskommt? »Kiek ma, da hinten, schon wieder drei Brandopfer-Kandidaten«, meckert mein innerer Berliner, wenn ich auf der Straße langgehe. »Schulterfrei mit Hotpants. Nackte Beene, morjens keeseweiß, abends knallrot.

Fröhliche Nachtruhe!« Er hat durchaus recht. Man sollte nur mal gucken, wie sich Leute in echten Sonnenregionen anziehen. Ich war mehrfach in Wüstenländern. In der Karakum in Turkmenistan bekam ich, bevor ich aufs Kamel stieg, eine große, schwarze Zottelmütze übergestülpt. Die Wollfransen hingen tief über die Augen. Dazu einen gestreiften Kittel, der jegliches Zipfelchen Haut bedeckte. Ähnlich in der Sahara in Tunesien. Da waren es eine Art Turban und ein weites, sackartiges Gewand. So würde man hier nicht mal im Winter herumlaufen.

Ständig Sonne in Berlin – das könnte ich mir nicht vorstellen. Hildegard Knef, Berlinerin im amerikanischen Filmexil, schrieb einst, dass ihr irgendwann der ewige blaue Himmel samt Palmen in Hollywood restlos auf die Nerven gegangen sei. Sie sehnte sich nach heimischen Kiefern, Waldgeruch und Regen.

Übrigens: Wenn meine Frau in der Sonne brät, bleibt ihre Haut trotzdem kühl. Wir sind jetzt bald 32 Jahre verheiratet, aber ich glaube, ich kannte sie bisher nicht richtig. Sie ist eigentlich ein Alien und kommt vom Merkur, dem sonnennächsten Planeten. Dort herrschen am Tage 430 Grad Celsius. Sie weilt auf der Erde, um sich mal so richtig abzukühlen.

## Grimmiger Grinsekater

Wer mich kennt, sagt manchmal: Dein Gehirn arbeitet seltsam. Eben redest du noch über ernsthafte Dinge, und plötzlich sagst du was absolut Albernes. Ja, so ist die Welt, antworte ich. Man muss nur einmal durch Berlin fahren, um zu erkennen, dass hier ständig Tragödie neben Komödie, Bedrohliches neben Banalem, Intelligentes neben abgrundtief Beklopptem liegt.

Eine Szene, jüngst erlebt auf dem Bahnsteig: Zwei etwa 20-jährige Maler stehen auf zwei kleineren Gerüsten und streichen die Balken des Bahnsteigdachs. Maler A: »Wenn's kracht, bin ich dis.« – Maler B: »Ich sag deiner Familie Bescheid, wenn du abstürzt.« – A: »Sei nett zu meiner Frau!« – B: »Darf ich die dann wenigstens weiter knallen?« (Der Bahnsteig ist voll, alle müssen die Unterhaltung mit anhören.) – A: »Ja, mach ihr 'n Baby. Ein schönes, blondes Baby. Es gibt nicht genug blonde Babys.« – B: »Am besten auch gleich mit Bärtchen, mit Arierbärtchen.«

»Wat für 'n horrender Blödsinn!«, schimpft mein innerer Berliner. »Wie hässlich soll 'n dit Baby aussehn? Wat is 'n überhaupt 'n Arierbärtchen? Der Typ, uff den die da anspielen, sah doch völlich anders aus als wie so 'n anjeblicher Arier. Doof jeboren und nischt dazujelernt!«

In der Bahn wittere ich plötzlich einen seltsamen Geruch. Wer öfter in Berlin herumfährt, weiß, wie jemand riecht, der seit Monaten nicht aus den Klamotten rausgekommen ist. Ein blasser Mann schiebt sich im Rollstuhl durch die Bahn und bittet um Geld. Ich gebe ihm einen Euro. Er erzählt, er wolle heute noch zur Obdachlosenpraxis fahren und sich in die Klinik einweisen lassen.

»Du willst doch nur Alkohol kaufen«, zischt ein dicker Typ im Trainingsanzug, der fast zwei Sitzplätze einnimmt. »Das ist Belästigung. Hau ab!« – »Was ist denn mit Ihnen los, Junge?«, fragt der Rollstuhlfahrer – tatsächlich »Ihnen« und »Junge«. Er guckt den dicken Mann verächtlich an und sagt: »Fahr doch Fahrrad!«

Mein innerer Berliner kriegt sich kaum wieder ein vor Lachen.

Der Rollstuhlmann rollert raus. Plötzlich steht ein Mann – offenbar Tourist – auf und beginnt mit Turnübungen an der S-Bahn-Querstange. Er ist mittelalt, trägt Sonnenbrille, ein hautenges T-Shirt mit Bauch und reckt sich ordentlich aus, versucht sogar ein paar Klimmzüge.

»Wat für 'n Affe!«, meckert mein innerer Berliner. »Jetzt kracht's gleich, und die Stange saust runter. Wat, nee? Schade! Wär ihm 'ne Lehre jewesen!«

In der U-Bahn sehe ich dann eine Gruppe Mädchen. Die eine sieht etwas blass aus. Doch plötzlich lächelt sie – und überstrahlt alle anderen. Interessant, denke ich: Offenbar gibt es richtige Lächel-Menschen. Sie fallen auf den ersten Blick kaum auf. Aber plötzlich geht ein Licht an.

Auf einmal fällt mein Blick ins Bahnfenster, in dem sich mein eigenes Gesicht spiegelt. Oje, wie finster!, denke ich. Kein Wunder. Das Arierbärtchen, der Rollstuhlmann und der Vorturner ringen noch in meinem verwirrten Kopf. Unverarbeitet. »Lächeln, Freundchen!«, fordert mein innerer Berliner. Ich verziehe mein Gesicht und erkenne: Ich bin weder ein Lächel- noch ein Nicht-Lächel-Mensch, sondern ein grimmiger Grinsekater. Kein Wunder, wenn man jeden Tag durch diese Stadt fährt.

## Ich liebe Dir! Ich liebe Dich!

Jüngst stand hier die Frage im Mittelpunkt, ob man im Berlinischen »det« oder »dit« sagt. Das Ergebnis war, dass sich der Laut in den letzten Jahrzehnten verschoben hat und man inzwischen eher »dit« hört. Heute geht es weiter mit »mir« und »mich«. Ein Leser erzählte, er habe als Kind einen Vers gehört, den er bis heute aufsagen könne:

> Mir und mich verwechsl' ick nich,
> det kommt bei mich nich vor.
> Haste nich'n Strick bei dich?
> Meen Hund, der will nich mit mit mich.

Er war stolz darauf, etwas typisch Berlinisches zu kennen.

Und wirklich: Mit der Verwechslung von »mir« und »mich« sorgte der Berliner einst für Erheiterung. Viele Witze beruhten darauf. Wie dieser hier: Mutter kommt von einer Reise zurück und fragt: »Na, wie war't denn?« – Die Tochter sagt: »Et war nischt weiter. De Nachbarin hat jestern mal bei mich jeschlafen.« Der Vater korrigiert sie: »Bei mir.« Die Tochter: »Nee, det war vorjestern.«

Nahezu klassisch ist die Mir-mich-Verwechslung im Gedicht »Rose (rothe)«, geschrieben 1838 von Adolf Glaßbrenner:

> Ich liebe Dir, ich liebe Dich,
> Wie's richtig is, ich weeß es nich,
> Doch klopft mein Herz so schnelle!
> Ich lieb' nicht auf den dritten Fall,

Ich lieb' nicht auf den vierten Fall,
Ich lieb' auf alle Fälle.

Inzwischen ist all das verschwunden. Es gibt keine Verwechs-
lungen mehr. Die Mir-mich-Grenze hat sich irgendwann unbe-
merkt nach Westen verschoben. Ein Bekannter aus Sachsen-
Anhalt erzählte mir jüngst, dass man es bei ihm in der Gegend
auch heute noch so rede: »Komm mal bei mich!« – »Haste ein
Taschentuch bei dich?« In Berlin dagegen vernehme ich dieses
falsche »Mich« nirgendwo mehr.

Neulich las ich in einem älteren Buch, Sprachforscher hätten
um 1830 festgestellt, dass sogar gebildete Leute in Berlin »mir«
und »mich« verwechselten. Das war damals vielen, die es nicht
besser konnten, natürlich peinlich. Denn man bemühte sich in
höhergestellten Kreisen bewusst, sich vom vulgären Berlinisch
abzugrenzen. Ein falsches »Mir« durfte da nicht durchrutschen.
Manche Leute sollen deshalb konsequent das hochdeutsche
»Mich« verwendet haben, auch wenn es falsch war.

Sehr schön illustrierte das der damalige Hofschauspieler
Rüthling, der um 1835 in einem Gedicht schilderte, wie sich
Eltern Sorgen um ihr liebeskrankes Kind machen. Der Vater
redet dabei so berlinisch falsch auf das Kind ein, wie ihm der
Schnabel gewachsen ist:

»Ick wundre mir heut über dir,
Du ißt und drinckst doch sonst for vier
Und heute wills nich schmecken?
Bedenke dir, du ißt nichts nich,
Das ängstigt mir ganz fürchterlich.
Kannst du mir so verschrecken?«

Die Mutter wiederum gehört zur vornehmen Sorte, die nicht in Verdacht geraten will, zu berlinern, und sie benutzt deshalb konsequent das hochdeutsche »Mich«, während sie ihre Tochter besorgt mit Worten belegt:

> »Was is mich das mit dich, mein Kind?
> Du scheinst mich nich janz wohl zu sind,
> Wirst mich doch nicht erkranken?
> Du ißt mich nich, du trinkst mich nich,
> Du stippst mich in den Kaffe nich,
> sprichst nich mit Vatan, nich mit mich,
> Und stehst mich in Jedanken?«

Heute dagegen redet der heftig berlinernde Berliner eher so wie »Vatan« damals. Er sagt immer »mir«, das Wörtchen »mich« wird einfach ignoriert. Folgenden Dialog, in dem ein Mann einen Jungen korrigieren will, könnte man also auch heute noch hören: »Pass uff, Onkel, der Hund beißt dir!« – »Dich, mein Junge. Dich!« – »Nee, mir kennta ja.«

· · · · · · · · · · · · · · · · · · · · · · · · · · · · · · ·

## Zeitgeist mit Sturmhaube

Ich mache nach langer Zeit mal wieder einen Spaziergang durch die Wohngegend meiner Kindheit »Wo is'n die olle Koofhalle?«, schreit mein innerer Berliner plötzlich. Und wirklich: Die letzte Einkaufsmöglichkeit aus meiner Jugendzeit, die in der Nähe meiner Schule stand, ist weg. Abgerissen. Statt ihrer stehen jetzt zwölf Häuser dort. Ach was, Häuser ...

Es sind zwölf graue Klötze mit großen kahlen Wänden und kastenartigen Aufsätzen. Sie wirken, als seien sie zum Appell angetreten, in zwei Reihen zu je sechst.

Ich bin überzeugt, dass in diesen Häusern fantastische, nette Menschen wohnen. Doch warum können oder wollen Architekten heute oft keine Häuser für nette Menschen mehr bauen? Warum solche Kästen?

»Dit sind jar keene Häuser!«, ruft mein innerer Berliner plötzlich. »Dit sind Bunker, freistehende Verteidijungsklöpse.« Die ganze Bauerei in unserer Gegend ist – so glaube ich – in Wirklichkeit ein stinkteures, geheimes Aufrüstungsprogramm. Jetzt ahne ich auch, warum jüngst an einer anderen Ecke unserer Gegend mehrere Häuserblöcke hingequadert wurden, deren Fenster aussehen wie grau umrandete Schießscharten, mal längs, mal quer.

Auch das Einkaufszentrum am Bahnhof, mit den Beton- und Glasflächen, für das man vor einiger Zeit ein schönes, altes Bürgerhaus am Bahnhof abriss, dient ganz klar einem einzigen Zweck: der Verteidigung. Auf dem Dach werden sich dereinst die letzten Union-Fans verschanzen und siedendes Pech auf die Angreifer schütten. Die Sturmleitern der Belagerer werden chancenlos am Panzerglas und den Fassadenplatten abrutschen. Klug gedacht!

Was für Weicheier waren dagegen die Architekten, die einst die vielen verkitschten Bürgerhäuser bauten. Gott sei dank, dass sie weg sind. Es gab ja sogar Zeiten, in denen Fabriken mit farbigen Ziegelmustern, Ornamenten, kunstvollen schmiedeeisernen Gittern verziert wurden. Wir haben ein paar davon in Köpenick.

Man denke sich: Fabriken! Als ob so was dazu da ist, schön zu sein! Dagegen heute: Mut zum Klotzigen, zum hässlich Wehrhaften. Der Zeitgeist hat sich die Sturmhaube aufgesetzt.

Auch die Tarnung funktioniert prächtig. Die zwölf grauen Einfamilien-Wehrtürme am Ort meiner »ollen Koofhalle« heißen nämlich »12 Brüder«, nach einem Märchen der Brüder Grimm. Begründet wurde das damit, dass in der Gegend alle Straßen nach Märchen benannt sind. Die einzelnen Häuser bekamen Namen wie Caspar, Fitze, Schnürbein, Frieder und Christoffel. Die Namen strahlen friedfertige Harmlosigkeit aus. Aber wenn man genauer nachschaut, worum es in dem Märchen geht, dann »fährt man 'n Oore aus«, wie mein innerer Berliner sagen würde.

Es beginnt damit, dass ein König seine zwölf Söhne töten will, damit das 13. Kind, seine Tochter, das Königreich allein erben kann. Die Söhne fliehen daraufhin in den Wald. Als das Mädchen größer wird, geht es los, seine Brüder zu suchen. Durch einen bösen Zufall werden sie in Raben verwandelt. Das Mädchen will alles tun, um sie zu erlösen. Dafür muss es sieben Jahre lang stumm sein. Es sucht sich einen hohen Baum, setzt sich drauf und spinnt, ohne zu sprechen.

Es kann durchaus sein, dass die zwölf Bunkerhäuser in meiner alten Gegend ein Ergebnis von Zauberei sind. Und vielleicht findet sich ja irgendein Mädchen, das sich im nahen Wald auf einen Baum setzt, um sie zu erlösen. Es sitzt und sitzt und – plupp – eines Tages ist der Zauber gelöst. Und an dem Ort steht wieder ... na, was? Natürlich meine »olle Koofhalle«!

# Her mit den Badekarren

»Ja, das möchste: Eine Villa im Grünen mit großer Terrasse, vorn die Ostsee, hinten die Friedrichstraße ...«, schrieb einst Kurt Tucholsky. Aber man kann ja nicht alles zugleich haben. Also muss sich der Berliner in Bewegung setzen, wenn er seine Lieblingsorte erreichen will. Und so sind wir in unserem Urlaub wieder mit der Bahn an die Ostsee gefahren.

Doch von wegen Badewanne der Berliner, wie sie genannt wird! Man ist schon erstaunt, was sich da alles auf dem Rügener Sandstrand tummelt: Sachsen, Hessen, Franken, Schweden, Russen, Engländer. Den Berliner Dialekt vernimmt man inzwischen recht selten. Der Strand ist ein riesiger Völker-Buddelkasten. Man könnte sofort eine Weltmeisterschaft im Wurfzelt-Weitwurf, Strandkorb-Wettschieben oder Seichtwasser-Quallen-Slalom ausrufen.

In unserer Nähe, nur einige Minuten zu laufen, befindet sich der FKK-Strand, in direkter Nachbarschaft zum Hundestrand. Lauter nackte Weiblein und Männlein, dazwischen umhersausende, kläffende Fellwuschel. Jemand fragt, ob diese Koexistenz nicht gefährlich sei, wo doch »Hunde so gern nach Würstchen schnappen«.

Ja, Humor muss man schon haben im Ostsee-Badeparadies. Auch angesichts der Vielfalt nackter Haut, die einem in allen Formen und Farben in die Augen springt: hellbraun, dunkelbraun, weiß, knallrot, mit weißen Streifen, mit und ohne Haare, gepierct und tätowiert, jungfräulich blank.

Dermatologen mag diese Präsenz begeistern. Ich selbst wünsche mich allerdings manchmal gut 200 Jahre zurück. In jener Zeit hätte ich mit meiner blassen Haut perfekt zu den vornehmen Adeligen gepasst, die als erste die gesundheitsfördernde Wirkung des Meerwassers testeten. Nachdem das Meer nämlich jahrhundertelang als menschenverschlingendes Ungeheuer gefürchtet war, empfahlen herzögliche Leibärzte plötzlich das Baden in der See. Das erste deutsche Seebad entstand 1793 in Heiligendamm.

Zum gesundheitsfördernden Baden bestieg man – Männlein und Weiblein getrennt – ein im Wasser verankertes Badeschiff und badete in einem Käfig, dem sogenannten Aalkasten, oft nur für wenige Sekunden. »Three dips and out« (dreimal Eintauchen und raus) lautete das Motto des englischen Adels, aus dessen Seebädern die Mode herübergeschwappt war. Oder man setzte sich auf einen Badehäuschen-Karren, der von einem Pferd ins Meer gezogen wurde. Obwohl Frauen sackartige Kleider und Pluderhosen trugen, wurden sie auf diese Weise vor männlichen Blicken abgeschirmt. Heute dagegen wünscht man sich solche Badekarren für die Träger monströser Schwabbelbäuche und gruseliger Ganzkörpertattoos.

Wir haben uns nach wochenlanger Berliner Hitze und Trockenheit natürlich auch danach gesehnt, endlich ein kühles Windchen zu spüren, während wir uns am sonnigen Strand aalen. Doch man muss bei einer Reise ans Meer auch immer bedenken, dass es dort ein ganz spezielles Klima gibt. Neben sonnigen Tagen erlebten wir einige heftige Gewitter und Regenschauer. Ja, man kann sagen, dass es in zwei Wochen an unserem Urlaubsort mehr geregnet hat als in allen Berliner Monaten zuvor. Dazu ein paar kleine Verse:

Oh, Urlaub an der See.
Berliner Badewanne.
Keen Strandkorb mehr? Mensch, Hanne,
dit is ja achherrje!

Wat machen wir denn nu?
Lass uns 'ne Strandburg schippen,
dann ziehn wir ein paar Strippen
und häng dit Janze zu.

Kiek, wie die Sonne grient
uffs blaue Meer, dit kühle!
Fort is die Großstadtschwüle.
Dit hamwa uns vadient!

Doch da: Een Sturmwind weht!
Vom Himmel regnets Strippen.
Die Möwen klaun die Schrippen
aus unserm Fresspaket.

Nass sind wir bis zum Zeh.
Die Möwen schrein. Zur Wanne,
wird unsre Burg. Mensch, Hanne!
Oh, Urlaub an der See.

## Geheimcode auf dem Schein

Neulich erhielt ich beim Bezahlen im Supermarkt einen Zehn-Euro-Schein zurück, auf den jemand mit Kuli etwas Seltsames geschrieben hatte, nämlich: »Agram«. Zu Hause sagte ich zu meiner Frau: »Du guckst doch immer Geheimdienstfilme. Könnte das hier ein Code für irgendwas sein?« – »Könnte durchaus«, sagte sie. »Es ist vielleicht ein Name rückwärts – Marga. Oder es ist ein verschlüsselter Hinweis.« – »Ich kenne nur Wagram«, sagte ich. »Da hat Napoleon mal 'ne Schlacht gewonnen.« – »Sehr naheliegend«, sagte meine Frau ironisch.

Ich rief meinen alten Schulkumpel an: »Sagt dir der Name Agram was?« – »Ick kenne nur Sto Gramm«, sagte er, »'ne Pulle Wodka, und denn immer rin!« – »Klar«, sagte ich. »Danke für die Hilfe.« Meiner Frau fiel noch ein, dass es eine Abkürzung sein könnte. Wir probierten es mal: »»Am Gendarmenmarkt riecht alles mau?« – »Auf grünem Rasen aasen Monster?« Nee, nicht überzeugend.

Also guckte ich ins Internet. Tatsächlich fand ich Agram, und zwar als alten deutschen Namen von Zagreb, der Hauptstadt Kroatiens. Heute benutzt ihn kaum jemand mehr. Hatte also irgendwer davon gehört und auf den Schein geschrieben, um es sich zu merken?

Mit Namen ist das ja generell so eine Sache. Ich kann mich noch gut erinnern, dass ich als Kind bei meinem Opa saß und malte. Nebenbei lief das Radio. Plötzlich ging es um einen Mann, dessen Name sich sehr exotisch anhörte. Ich zeichnete ihn mit langem Mantel, Krone und Zepter und nannte das Bild »Der

Prinz von Hambotscha«. Später erfuhr ich, dass das geheimnisvolle Land Kambodscha hieß, bald darauf Kampuchea, jetzt wieder Kambodscha, eigentlich: Cambodia.

Die Geschichte von Ländern, Städten und Straßen kann man sehr gut anhand von Umbenennungen nachvollziehen. Vor allem auch in Berlin. Meine Frau wuchs zum Beispiel in Lichtenberg in der Ho-Chi-Minh-Straße auf, von uns liebevollsalopp »die Reisfelder« genannt, wegen des Bezugs zu Vietnam. Wenn wir aber heute sagen: »Eh, Kinder, fahrt doch mal wieder in die Reisfelder, die Oma besuchen!«, gucken die Kinder doof. Die Straße heißt ja wieder Weißenseer Weg.

Manchmal bleibt es aber nicht nur beim Doof-Gucken, sondern führt zu diplomatischen Verwicklungen. Zum Beispiel war es 1997 so, als man die Weltzeituhr auf dem Alex sanierte, samt Städtenamen. Leningrad verwandelte man in Sankt Petersburg, Frunse in Bischkek, Alma Ata in Almaty und Bratislava in Pressburg. Letzteres gefiel den Slowaken überhaupt nicht, und sie protestierten. Ohne Erfolg übrigens. Der Name steht heute noch an der Uhr. Was ich ziemlich ignorant finde gegenüber den Einwänden der Slowaken.

Straßenumbenennungen, die ja immer heiße Debatten mit sich bringen, könnte man künftig verhindern, wenn man es so macht wie in dem Müggelheimer Viertel, in dem ein Bekannter wohnt. Dort heißen die kleinen Straßen einfach Weg P, Weg Q, Weg R und Weg U. Anderswo tragen Straßen Nummern. Wenn das überall so wäre, würde auch das umständliche Eintippen komplizierter Straßennamen ins Navi wegfallen, an dem ortsunkundige Taxifahrer nicht selten scheitern. Es gibt ja da sehr schöne Beispiele in Berlin: Chodowieckistraße, Rabindranath-Tagore-Straße, May-Ayim-Ufer, Noéweg, Van't-Hoff-Straße,

Nahariyastraße oder Yitzhak-Rabin-Straße. Wie einfach wäre es, zu sagen: »Bitte nach Pankow, Straße 1 A.« Das Tippen ginge dann ganz schnell.

· · · · · · · · · · · · · · · · · · · · · · · · · · · · · · · · · · · · ·

## Wat is wat von wat?

Wer durch die Stadt geht, der kann sich täglich über irgendwelche Aufschriften amüsieren. In der U-Bahn wirbt ein Plakat: »Dachdecker – ein Beruf mit Aufstiegsmöglichkeiten«. Klar, und zwar genau bis aufs Dach. Die Bestattungsfirma um die Ecke zeigt das Bild eines Diamanten, zu dem man dereinst seine Asche pressen lassen kann – zur ewigen Freude der Hinterbliebenen. Darunter steht: »Ein einzigartiges Unikat«. Dabei steckt ja das Einzigartige schon im Begriff Unikat. Sogar in intelligenten Texten finde ich noch immer den Begriff »Glasvitrine«, also: gläserner Glasschrank. Und der Friseur um die Ecke wirbt mit »Zeit zum Relaxen und Entspannen«. Ja, was von beidem soll man nun zuerst machen?

All diese Beispiele funktionieren nach dem Modell »doppelt gemoppelt«, also Tautologie. Im Berlinischen würde es vielleicht heißen: »Dit plus dit is immer noch dit«. Aber es gibt noch eine andere Macke, die man leider oft findet. Und die nenne ich einfach mal: »Wat is wat von wat«.

Mancher glaubt nämlich, eine Sache dadurch zu veredeln, dass er sie mit einer anderen vergleicht, indem etwa sagt: »Amsterdam ist das Venedig des Nordens«. Als solches wurden auch bereits Sankt Petersburg, Brügge und Kopenhagen bezeichnet. Zum »Paris des Ostens« kürte man Prag, Budapest, Odessa, Beirut, ja sogar Shanghai. Als »Rom des Nordens« bezeichnete man unter anderem Salzburg und Bamberg. Oft dient die Macke »Wat is wat von wat« allerdings dazu, Leuten – meist aus dem Westen – irgendetwas aus dem Osten zu erklären, als ob sie sich nicht selbst informieren könnten. Neulich las ich zum Beispiel, Köpenick sei das »Spandau des Ostens«.

Ich war unlängst zu einer Lesung in Spandau und sah: Ach, die haben auch Wasser und eine schöne Altstadt. Und Fischer siedelten hier einst ebenfalls. Man könnte also fast sagen: Spandau ist das »Köpenick des Westens«. Na gut, statt eines Schlosses haben die eine Zitadelle. Geschenkt.

Manche Leute können offenbar nur Dinge akzeptieren, die irgendwie denen ähneln, die man bereits kennt. So ist es auch bei Produkten. Der Motorroller Schwalbe etwa ist die »Vespa des Ostens«, die Florena-Creme die »Nivea des Ostens«. Oder bei Künstlern. In einer Zeitschrift habe ich gelesen, die Puhdys seien die »Beatles des Ostens«. Das finde ich gar nicht. Denn die Beatles sind und bleiben die Beatles. Und die Puhdys sind halt die Puhdys.

In einer anderen Zeitschrift wurde neulich ein Sänger, der östlich der Elbe wirkte, als »Karel Gott des Ostens« bezeichnet – als sei Karel Gott, der im tschechischen Pilsen geboren wurde und in Prag wohnt, ein West-Sänger. Aber wer die »Biene Maja« gesungen hat, muss ja zumindest ein Ehren-Wessi sein. Ein anderer nannte Karel Gott den »Sinatra des Ostens«. Gott allein genügt wohl nicht.

Abschließend möchte ich zu dieser ganzen Macke noch ein paar gereimte Zeilen liefern:

Die Frage: Wat is wat von wat?,
die regt ma uff, die macht ma platt.
Wo liecht det »Rom des Nordens«? Saach!
In Wien, in Köln, in Trier, in Praach?
»Paris des Ostens«, wo mags sein?
Meen lieba Herr Jesangsverein!
Und dieser Sänger Ypsilon?
Von wat is der denn wat davon?
Ist er »Sinatra von Grünau«?
Vielleicht ooch nur 'ne arme Sau,
janz unbekannt, zählt nirjends zu?
Und wat bin ick, und wat bist du?
Sind wir denn jarnüscht, mickrich kleen,
von nix wat von und janz alleen?
Janz ehrlich, Mann, ick hab se satt,
die Frare: Wat ist wat von wat?

· · · · · · · · · · · · · · · · · · · · · · · · · · · · · · ·

## Donald Duck ist in der Stadt

Donald Duck ist in Berlin – und zwar mit seinen Neffen Tick,
Trick und Track. Diese haben von ihrer Pfadfindertruppe, dem
Fähnlein Fieselschweif, den Auftrag erhalten, in Berlin das Original des Schlauen Buchs auszustellen, also des legendären Fähn-
lein-Handbuchs, das in geballter Form nahezu das gesamte praktische Weltwissen enthält. Nun wollen sie vom Flughafen Tegel
wieder zurückfliegen, nach Entenhausen. Kurz vor dem Abflug

jedoch kommt einer von der Berliner Fähnlein-Außenstelle angerannt und ruft: »Ey, ihr Piepels! Ihr müsst zu na wichtjen Besprechung ins Berliner Klubhaus, aba schnelle!«

Ja, richtig gehört: Im neuen Disney-Comic »Lustiges Taschenbuch« wird kräftig berlinert. Es ist gerade in der Disney-Mundart-Reihe erschienen, in der es bereits eine bayerische Ausgabe gibt. Donald Duck und seine Neffen sagen Dinge wie: »Da staunta Bauklötze, wa?« – »Jau, dit macht Feez!« – »Dit is ja urste nett« – »Ick fall vom Gloobm ab!« – »So'n übla Pimpf!«

Es ist also ein ziemlich seltsames Berlinisch, das die Enten da sprechen – aber was will man von Federvieh schon erwarten. Und in gequetschtem Entenslang wird es sich gewiss noch seltsamer anhören.

Aber nicht nur das. Wenn jetzt schon Disney-Figuren berlinern – was kommt dann noch? Moby-Dick, Frankensteins Monster, Godzilla und King Kong? Obwohl: Letzteren könnte ich mir gut als Berliner vorstellen. Ein gorillaartiger Riesenaffe kann im Grunde gar nicht anders als zu berlinern. Das ergäbe auch sehr schöne Szenen: King Kong nähert sich der Stadt Berlin. Er durchstreift die Vororte, folgt dem Lauf der Spree. Dabei quatscht er vor sich hin:

»Schicke Stadt! Ville Wasser ham se hier. Und lauter kleene Boote mit Leute druff. Na, da mach ick doch gleich 'n bisschen Lärm. Huh, wie se alle renn! Und die da: Springen alle uff eene Seite von ihrn Kahn. Platsch, schon issa umjefalln. Ein paar Straßen sind ooch schon überflutet. Jeil! ...

Wat will der kleene Typ da unten? Ick bin in sein Territorium einjedrungen? Wohl lehmsmüde? Wie wat? Arabischer Clan? Dem mach ick doch gleich seine fette Protzkarre platt. Krawumms! Und weiter jehts ...

Wat is dit eijentlich für 'ne komische Stadt? Keen Fluchzeuch, keen Panzer, keen Hubschrauber mit Maschinjewehr? Nix jejen Berlin, aba Nju Jork war da anders. Doch, Momang, da kommt so 'n Ding anjeschraubt. Dit is janz jelb und druff steht ADAC Notarzt. Een Typ mit rote Hose hängt anne Kufen und will ma 'ne Spritze verpassen. Jenau inne Backe! Oh Jott, wie süß! Bautz, da liechta unten mit sein jelbet Dings. Und weiter jehts ...

Nirjenswo wat zum Ruffklettan. Allet so mickrije Häusa. Doch da, een hoher Turm! Mit 'ne Kurel ohm druff. Hab ick ja noch nie jesehn! Mitten inne Stadt. Da kletta ick jetze ruff. Mann, is dit glatt! Man kann doch keene Kurel an so 'n Turm baun! Da brauchste doch wat zum Sitzen, damit de rumbrülln und dir anne Brust schlaren kannst. Autsch, schon bin ick abjerutscht, rumjekullert, und jetz lieg ick uff so 'n komischen Platz. Ick hab ma gloob ick dit Been jebrochen ...

Allet rennt weg und schreit rum wie blöde. Nur eena kommt aus 'ne Bude. Wat steht da druff: Wache am Alexanderplatz? Fracht mich, ob ick ihn 'n Ausweis zeijen kann. Ja wie denn, du Vorel, hab ick vielleicht irjendwo 'ne Tasche in meen Fell?« ...

Wie's genau weitergeht, wissen wir nicht. Aber im Grunde ist klar, dass King Kong am Ende ausgestopft im Naturkunde-museum stehen wird. Neben Knut. So geht es allen berühmten Viechern in Berlin.

## Wie man's nicht machen soll

Tun und machen – das sind zwei zentrale Berliner Begriffe. So beklagt sich etwa die gestresste Berliner Mutter bei ihren faulen Kindern: »Ick tu und mach den janzen Tach. Und ihr könnt nur meckern.« Und wenn – ein positives Gegenbeispiel – jemand seine Geliebte rund um die Uhr verwöhnt, dann heißt es in alter Berliner Manier: »Er macht und tut ihr von früh bis spät.« Man beachte das Personalpronomen »ihr«.

Früher hieß »tun« übrigens noch »dun«. Aus dieser Zeit stammt der schöne alte Berliner Spruch: »Nischt dun, det woll'n se alle dun!« Mit der Zeit aber sind die Wörtchen tun und machen so etwas wie universelle Begriffe geworden. Man kann es so auf den Punkt bringen: »Tun tut der Berliner ständig saren tun. Da kannste nischt machen.« Er sagt: »Tu dir ma nich so!« (Hab dich nicht so!) – »Dit tut nischt zur Sache.« – »Tu du mir nischt, tu ick dir ooch nischt.« – »Wat hat 'n dit mit mir zu tun?« – »Vertrajen tu ick jar nischt mehr.« – »Tut dit nich wehtun?«

Und »jemacht« wird auch alle naselang irgendwas, was nicht immer heißt, dass irgendwer auch wirklich was tut. Da heißt es etwa: »Mach hinne!« (Beeil dich!) – »Mach, dette raus kommst!« – »Wat macht 'n dit?« (Wieviel kostet das?) – »Er hat rüberjemacht.« (in den Westen, nach Amerika) – »Er macht den Tristan inne Oper.« – »Er macht in Konserven.« (das hat nichts mit der Entleerung einer vollen Blase in eine Dose zu tun, sondern bedeutet: Er handelt mit Konserven). Und immer ist einer »der Macher vont Janze«.

Die große Frage ist allerdings, was dabei »hinten raus kommt«. In diesem Zusammenhang musste ich so lachen, als ich dieser

Tage in der Bahn einen Roman des alten englischen Autors Charles Dickens las. Dieser beschreibt eine fiktive Einrichtung der Regierung. Sie heißt Circumlocution Office, auf Deutsch: Büro der Umschweife. Ihre Aufgabe ist es, säckeweise Berichte anzuhäufen, Dutzende Sitzungen abzuhalten, also andauernd zu machen und zu tun. Aber nicht, um etwas voranzubringen, sondern um zu ergründen, wie man es nicht machen soll: »how not to do it«.

Der Roman erschien 1855, aber irgendwie wurde ich an Berlin erinnert. Hier muss irgendwo, im Keller oder unterm Dach des Roten Rathauses, ein Amt für Umschweife sitzen, das die besten Absichten der Regierenden hintertreibt, um zu beweisen, wie man einen Flughafen nicht baut, wie man den sozialen Wohnungsbau nicht fördert, wie man für genügend Lehrernachwuchs in den Schulen nicht sorgt, wie man die S-Bahn als eines der wichtigsten Verkehrsmittel Berlins nicht pflegt und so weiter.

Da sitzen sicher Typen mit Ärmelschonern, die einen folgendermaßen empfangen, wenn man mit einer Idee bis zu ihnen vordringt: »Sie komm hier an und stellen Forderungen. Sie saren, ick soll hier machen und tun. Aber so einfach is dit nich. Da könnt ja jeder komm. Vasetzen Se sich mal in unsre Laare! Da muss erst mal jekiekt wern, ob dit übahaupt machbar is oder wat. Da muss 'ne Studie her, 'n Jutachter, 'ne Kommission. So wie Sie sich dit vorstelln, jeht dit nich.«

Aus all dem ständigen Tun und Machen in dieser Stadt entsteht dann der Eindruck, den der Autor Alfred Polgar einst hatte: »Die Berliner sind alle intensiv mit ihrer Beschäftigung beschäftigt.« Man kann es aber auch mit einem schönen Reim beschreiben, den ich neulich in einem Büchlein fand:

Schon wieder is een Tach vollbracht,
een Tach voll Müh und Sorjen,
und ham wa ooch nich viel jemacht,
so ham wa doch den Tach verbracht –
det andre machen wa morjen.

## Große Kreise am Himmel

»Eh, wat is 'n dit?«, rief mein alter Schulkumpel und starrte zum blauen Himmel. Es ist ein paar Tage her. Wir befanden uns gerade in seinem Garten. Ja, was war das? In großer Höhe reihten sich große, weiße Kreise aneinander. Es waren vielleicht zehn. Sie sahen fantastisch aus, nahezu perfekt. »Vielleicht hat der liebe Jott aus Langeweile Rauchringe jepafft, mit seine Zigarre«, blödelte mein Kumpel. »Oder unser Altkanzler Schmidt mit 'ner Mentholzigarette«, sagte ich. – »Könnte ooch 'n hopsendet Ufo jewesen sein.« Wir amüsierten uns, spürten aber zugleich eine gewisse Unruhe: Was passierte da oben?

Näher als der liebe Gott, Helmut Schmidt oder ein Ufo lag natürlich die Vermutung, dass der Pilot eines kleineren Flugzeuges da oben aus sportlichem Ehrgeiz schöne Kreise geflogen war und sich aus den Flugzeugabgasen Kondensstreifen gebildet hatten. Dies wäre die logische Erklärung. Aber leider auch die langweiligere. Das ist ein Grund dafür, dass Menschen sich vielerlei ausdenken, um seltsame Phänomene am Himmel zu erklären.

Das Internet ist voll davon. Manche glauben zum Beispiel ernsthaft, dass Tausende Flugzeuge im Auftrag der Regierung spezielle Chemikalien versprühen, um die Menschen auf der Erde zu benebeln, die Bevölkerung zu dezimieren oder das Wetter zu manipulieren. Die »Chemtrails« am Himmel seien der Beweis dafür.

Im Grunde sind wir Menschen, was den Himmel betrifft, seit dem Mittelalter keinen Schritt weitergekommen. Natürlich: Wir wissen heute, wie sich Wolken aus Wasserdampf an winzigen Teilchen bilden. Wir haben die verschiedenen Wolkenarten genau definiert, können im Labor Wolkenbildung und Turbulenzen simulieren.

Und dennoch wohnt in uns noch immer dieser abergläubige Mittelaltermensch, der alles Mögliche in den Himmel projiziert, weil er noch immer wissen will: Droht ein Unglück?

Als ich neulich in einem Museum in Wittenberg war, las ich, dass man im April 1560 zu Philipp Melanchthon, dem Mitstreiter Luthers, gekommen war, um ihm zu berichten, dass Leute Wolken entdeckt hätten, die wie gebundene Ruten aussähen. Drohte kriegerische Gefahr? Melanchthon deutete die Erscheinung der Ruten so: »Das bedeutet Gott lob eine väterliche Strafe, denn Väter gebrauchen Ruten, aber keine Schwerter.« Krieg sollte also zumindest nicht drohen. Aber Melanchthon war einige Tage später tot.

Im alten Rom wiederum hat man in allen möglichen Naturerscheinungen – vor allem im Flug und Verhalten von Vögeln – Vorzeichen gesucht. Dafür waren sogenannte Auguren zuständig, die als Beamte eingesetzt wurden, um den Politikern zu sagen, ob ein Vorhaben den Göttern genehm sei oder nicht. Erst dann wurde es in Angriff genommen.

Schade, dass es so etwas nicht mehr gibt. Ich könnte mir einen bestallten Senats-Auguren sehr gut vorstellen, der alle Vorzeichen des Himmels absucht – Vögel, Kondensstreifen, Wolken und Blitze. »Ähm«, so würde er den Bericht vor dem Senat beginnen, »wir wollen doch Hochhäuser rund um den Alex bauen. Also, ich würde es lassen. Denn ein Krähenschwarm hat dort heute seine Kreise gezogen. Man hörte mehrmals laute Schreie, die sich wie 'nee, nee!< anhörten. Außerdem haben Möwen der Senatsbaudirektorin aufs Auto gekackt. Und gegen Nachmittag türmte sich überm Rathaus eine Wolke auf, die irgendwann abknickte. Ich hab das mal als umstürzendes Hochhaus interpretiert.«

Und wie würde er dem Senat die Kreise am Himmel erklären? »O je, o je, die Haushaltsschulden steigen gewaltig, wenn wir nicht aufpassen. Am Himmel sind zehn große Nullen erschienen. Und vorne stand 'ne Acht oder so. Ich glaube, Berlin muss mal wieder ein bisschen Tafelsilber verkaufen.«

Wie gesagt, solch einen Senats-Auguren bräuchten wir dringend.

· · · · · · · · · · · · · · · · · · · · · · · · · · · · · · · · · ·

## Du Feifenheini, tanz ab!

Kleine Szene auf dem Bahnsteig der U2 am Alexanderplatz: Ein Musiker spielt mit seiner Querflöte einen berühmten Walzer von Schostakowitsch. Einige Schritte weiter steht ein junges Pärchen, vielleicht 18 Jahre alt, und umarmt sich. Plötzlich löst sich die Freundin vom Freund und beginnt, ein paar Tanzbewegungen zu machen. Vielleicht ging sie als Kind in einen Ballettkurs. Sie dreht eine kleine Pirouette, macht eine elegante Bewegung mit den Händen. Und strahlt ihren Freund dabei an.

Die Umstehenden lächeln. Doch dem Jungen ist es offenbar peinlich. Er verdreht die Augen und sagt etwas nicht sehr Nettes. Von einem Moment zum anderen ist das Mädchen verstimmt. Es steht da, die Arme verschränkt. Ihr gegenüber lehnt der Freund steif an einem Stahlpfeiler.

Oh, Mann, sag ich mir. Er hätte ruhig ein bisschen lächeln und mitwackeln können. Vielleicht kommt ja so ein Moment nie wieder. Und in Berlin ist doch sowieso alles egal.

Allerdings neigt mancher Ur-Berliner durchaus dazu, alles Mögliche zu ironisieren, und sei es im Vorbeigehen. »Haste die Huppdohle jesehn?«, würde er vielleicht sagen. »Die wollte uff 'n Bahnsteich den sterbenden Schwan machen.« Auch mancher alte Vers ist nicht gerade fein, wenn es um Verliebte geht und ihre Neigung, die Realität auszublenden. Wie der hier:

Wenn eena eene jerne hat
un kann se jut vaknusen,
denn kannse ruhich 'n Puckel ham –
er jloobt, et wär der Busen.«

Poesie ist was anderes.

Auf gewisse Weise befasst sich auch die gerade laufende TV-Serie »Babylon Berlin« mit dem Thema Liebe in Berlin. Ja gut, es geht vor allem um Mord, Totschlag, Putschversuche. Die Geschichte spielt 1929 und ist zum Teil hanebüchen. Aber man wird entschädigt durch einige urberlinisch agierende Protagonisten.

Oft kommt da die Berliner Nächstenliebe etwas ruppig daher. Ein Beispiel: Mutter Ritter läuft über den Hof und hustet. Die Nachbarin: »Sie sollten mal zum Arzt jehn, Frau Ritter.« – Frau Ritter: »Sie sollten mal det Maul halten, Frau Tschitschewitsch.«

Oder hier: Eine Hure namens »Mutti« wird von der Polizei gefragt, ob sie diesen oder jenen Typen kenne. Ihr Antwort: »Gloobst, ick merk mir die Fressen von die janzen Perversen?« Oh, gutes, altes Berlin!

Eine echte Perle aber ist Charlotte, die junge weibliche Hauptperson der Serie, gespielt von Liv Lisa Fries. Sie sieht wunderhübsch aus, ist sich aber dennoch nicht zu fein, an der Bar zu rülpsen, zu prusten, zu diskutieren und draußen mit schrillem Pfiff ein Taxi heranzuholen. Jungs sind für sie »Flitzpiepen« und »Feifen«. Das Leben ihrer Familie in einer Moabiter Mietskaserne illustriert sehr gut den ollen Zille-Spruch, man könne einen Menschen »mit einer Wohnung erschlagen wie mit einer Axt«.

Sie will da unbedingt raus, was Ordentliches machen. Sie wird Aushilfe bei der Polizei und schafft es, Assistentin eines Kommissars zu werden. Ihre Herkunft leugnet sie zu keiner Zeit. So erzählt sie jemandem von den Fällen der Mordkommission: »Vor kurzem hatten wa sogar so einen mit 'm abben Kopf. Axt noch am Tatort ...«

Auch ihr Berliner Tempo legt sie nie ab. Der junge Kommissar aus Köln, mit dem sie zusammenarbeitet, beschreibt es so: »Immer 'ne schnelle Antwort, auch wenn's keine ist.« – Sie: »Besser 'ne schnelle Antwort als 'n langsames Schweigen, oder?« – Er: »Und immer das letzte Wort.« – Sie (nach längerem Blick): »Nein.«

Sie hätte bestimmt auch auf dem U-Bahnhof getanzt. Und zu einem Typen, der dabei eine Fresse zieht, hätte sie sicher gesagt: »Pass uff, du Feifenheini. Das war's. Tanz ab!«

## Durchkreuzte Bahnhofsuhr

Die große Uhr am Bahnhof Köpenick funktioniert nicht mehr, und zwar seit Monaten. Jemand hat ein schwarzes Tesafilm-Kreuz drübergeklebt. Es vermittelt die Botschaft: Uhr kaputt! Kein Geld da, sie zu reparieren! Vielleicht gehe ich mal ein bisschen mit dem Hut rum, um Geld für eine neue Uhr zu sammeln.

Es kann aber durchaus auch sein, dass die verantwortlichen Uhr-Menschen einfach keine Lust haben, die Uhr zu reparieren. Denn Zeit ist ja ohnehin relativ. Das wissen wir spätestens seit Einstein. An diesem Wochenende stellen wir die Uhren wieder von Sommerzeit auf auf Winterzeit um. Offiziell heißt es Normalzeit. Und wen juckt's? Die Chronobiologen sagen zwar, dass wir nun nicht mehr in der Tageszeit leben, die eigentlich in der Ukraine oder Bulgarien herrscht, sondern in der uns seit Jahrhunderten vertrauten. Aber was bedeutet das? In welchem Landstrich gilt überhaupt noch die Regel, dass die Sonne am höchsten steht, wenn es 12 Uhr mittags ist? Das hatte sich doch bereits mit der Einführung von Zeitzonen erledigt.

Ohnehin hat sich das Berliner Zeitempfinden grundsätzlich geändert. Als Lehrling musste ich noch morgens um »dreividdel fümfe« – für Zugewanderte: viertel vor fünf – aus der Falle hüpfen, um pünktlich im Betrieb zu sein, sozusagen »vor'm Uffstehn«. So ging es Millionen in dieser Stadt. Schon vor 90 Jahren sang der Coupletdichter Otto Reutter, Star des Wintergartens:

Der Tag, der beginnt schon in eiligem Lauf
mit der Uhr in der Hand, mit der Uhr in der Hand.

Der Wecker, der weckt uns, wir stehen schon auf
mit der Uhr, mit der Uhr in der Hand.

Der starre Fabrikzeittakt, der einst den Berliner Tag prägte, hat sich inzwischen aufgelöst in ein allgemeines Gleitzeit-Empfinden. Man trinkt um Mitternacht sein Feierabendbier, geht dann in den Club, frühstückt am Nachmittag in der Brunch-Kneipe.

Ja gut, es gibt durchaus noch ein paar Leute, die früh aufstehen müssen, um ins Labor, die Uni, die Handwerksbude, das Büro oder das Start-up-Unternehmen zu fahren. Aber denen nützt die genaue Uhrzeit eigentlich auch nichts. Denn sie müssen ordentliche Pufferzeiten einplanen, wenn sie mit der Bahn ans Ziel kommen wollen. Da war die Postkutsche einst pünktlicher.

»Die Zeit vajeht und det Licht vabrennt«, lautet ein alter Berliner Spruch. Mir wurde das wieder mal klar, als ich neulich erst – Sind es auch schon wieder fast zehn Monate? – die Nadeln des abgeschmückten Weihnachtsbaums zu einem Haufen zusammenfegte. Sie sahen aus wie ein grünes Osternest. »Kannste gleich die Eier rinlejen«, sagte mein alter Schulkumpel. »Und de Lichterkette am Fensta musste ooch nich abmachen. Is ja danach gleich wieder Weihnachten.« Das stimmt. Übermorgen ist's soweit, zumindest gefühlt.

Was die Zeit und das Leben generell betrifft, habe ich zum Ende noch ein paar alte Berliner Weisheiten: »Wer nich kommt zur rechten Zeit, / der muss sehn, wat übrig bleibt.« – »Dit Leben is am schwersten / drei Taare vor dem Ersten.« (was auch heute viele betrifft, die sich in Berlin durchs Leben schlagen) – »Sauer macht lustig, aber erst nach drei Taare.« – »Lieber lange und jut jelebt, als kurz und schlecht.«– »Man sollte nich an eem Freitach

sterben, dit bringt Unjlück.« und: »Je länger der Jürtel, desto kürzer dit Leben.«

Letzteres ist kein Automatismus, wie wir wissen. Mitunter
hängt die Lebensspanne eben nicht nur vom langen Gürtel, also
dem zu dicken Bauch ab. Wenn man zum Beispiel Pech hat und
den falschen Leuten in die Hände fällt. Wie schon ein alter Berliner Grabspruch sagte: »Hier ruht in Frieden / Chirurg Doktor
Horn, / und die er operierte, / die liegen weiter vorn.«

## Sex bedeutet Lebensgefahr

Neulich schrieb ich an dieser Stelle über die Liebe in typisch berlinischer Ausprägung. Meine Frau, die vor einiger Zeit Integrations-
kurse für Vietnamesen hielt, erzählte mir daraufhin, dass sie ihren
Kursteilnehmern einmal einen alten Berliner Spruch über die
Liebe beigebracht habe. Dieser lautet: »Eena alleene – det is nich
scheene. / Aba eena mit eene / und denn alleene – / det is scheene!«
Ob die Vietnamesen das jetzt überall zitieren? Lustig wär's.

Allerdings läuft es mit »eena« und »eene« – in welcher Kom-
bination auch immer – gar nicht so rund. Wie ich gelesen habe,
gibt es in Berlin großen Bedarf an sexueller Nachhilfe und Bera-
tung. Bunte Angebote finden sich: Tantra-Massagen, Paar- und
Sexualtherapie, Sexological Bodywork, Orgasmustraining für
Männer, »Handarbeits«-Kurse für Frauen.

Ich kann mir das nur damit erklären, dass es heute zwar keinen Mangel an Reizen und potenziell willigen Tinder-Partnern

gibt, aber dass – gerade auch wegen der großen Auswahl – der Druck enorm wächst. Nach dem Motto: Orgas-muss!!! und nicht: Orgas-kann oder Orgas-wäre-schön.

Der einzige Ratgeber, den ich mal verschenkt habe, war von 1879 und nannte sich »Die eheliche Pflicht«. Ein heutiger Verlag gab ihn als Nachdruck heraus. Mein alter Schulkumpel bekam das uralte Buch von mir zur Hochzeit – als Scherzgeschenk. Als er dann später die Scheidung hinter sich hatte, warf er mir das Buch hin: »Kannste wiederhaben. Hat nischt jeholfen.« Da guckte ich dann das erste Mal wirklich rein.

Ach hätte ich das mal früher getan! Ich wusste ja gar nicht, wie gefährlich Sex wirklich ist. Der Autor des Buches, ein gewisser Dr. Karl Weißbrodt, zählte zum Beispiel auf, wann man den Beischlaf auf keinen Fall ausüben sollte, und zwar: nach Freude oder Ärger, nach schweren Arbeiten, bei Fieber, Verdruss, nach Bällen, nach Wanderungen, nach längeren Eisenbahnfahrten, in Stillphasen oder wenn die letzte Mahlzeit weniger als drei Stunden her ist. Also eigentlich nie!

Anderenfalls drohten Nervenzerrüttung und Geisteskrankheiten.

Dr. Weißbrodt war auch der Meinung, dass bestimmte Leute nie heiraten sollten: Mondsüchtige, Epileptiker, Leute mit Fußschweiß, über 50-jährige Männer, über 36-jährige Frauen, Blutarme, Buckelige, Onanisten und Trinker. Der Erbgesundheitswahn schimmerte da heftig durch.

»Vor allem steht fest, dass die Entscheidung über die Frage, wann oder wie oft der Beischlaf auszuüben ist, nicht vom Weibe, sondern vom Manne ausgehen muss«, lautete das Grundgesetz von Dr. Weißbrodt. Eine Frau handle recht, wenn sie sich »dem Manne willig und ohne Ziererei hingibt, sobald er nach ihr verlangt«. (Was natürlich wieder die obigen Regeln außer Kraft setzt. Denn was ist, wenn den Mann früher als drei Stunden nach der letzten Mahlzeit die Lust ergreift?)

Gewiss würde die Regel »Der Mann bestimmt« helle Begeisterung auslösen, wenn man heute der eigenen Partnerin damit käme. Ich höre schon die Antwort: »Wat? Jetz willste plötzlich? Komm mal klar, ej! Jestern, als ick wollte, hast de nich jewollt. Und heute will ick nun mal nich. So is dit!«

»Habt ihr das Buch wirklich gelesen, bevor Ihr zur Sache gekommen seid?«, fragte ich meinen alten Schulkumpel. »Klar«, sagte er, »und wir konnten nich mehr vor Lachen! Aber mach dir keen Kopp. Dein Buch war nich Schuld, dass wir uns jetrennt haben.« Da bin ich sehr beruhigt.

. . . . . . . . . . . . . . . . . . . . . . . . . . . . . . . .

## Hamse jedient?

> Heil dir im Siejerkranz,
> Pellkartoffeln und Heringsschwanz!
> Heil Kaiser dir!
> Friss in des Thrones Glanz
> die fette Martinsgans.
> Uns bleibt der Heringsschwanz
> in Packpapier.

So verhohnepiepelten die Berliner einst die alte Kaiserhymne. Es besteht guter Anlass, daran zu erinnern. Denn wir Berliner leben – wie bereits berichtet – in diesem Jahr genau 100 Jahre ohne Kaiser.

Allen Leuten, die die angeblich so schöne Kaiserzeit verklären, sei gesagt: Den meisten Berlinern waren im Ersten Weltkrieg nicht mal die Pellkartoffeln mit Heringsschwanz geblieben. Sie mussten Kohlrüben fressen. Tausende verhungerten und erfroren. An der Front starben noch mehr. Und trotzdem bauen wir das alte Stadtschloss wieder auf, Symbol des Militarismus.

Doch zurück zum Berlinischen. Es wurde in der Kaiserzeit nicht nur von respektlosen Verhohnepiepelungen geprägt, sondern auch von einem ganz besonderen Stil, den ich mal preußisch-militärische Hacksprache nennen will. Sie ist inzwischen ausgestorben, war aber einst unter Offizieren, Juristen, Beamten höchst präsent. Über allem stand die Frage: »Hamse jedient?«

In den Synapsen des Sprachzentrums hat man damals kräftig mit den Hacken geknallt – wobei ganze Satzteile runterpurzelten. »Nicht mal Plattfuß! Stinkt vor Faulheit!«, schnarrte zum Beispiel ein Stabsarzt beim Militär, als sich ein Rekrut wegen Fußbeschwerden vor dem Dienst drücken wollte. Dieser Rekrut hieß Diederich Heßling und war der Hauptheld in Heinrich Manns Roman »Der Untertan«. In diesem kann man auch lesen, in welch feiner Manier ein »Off'ssier« mit einem Fabrikbesitzer Geschäfte machte: »Nur keine Fiesematenten. Höherer Befehl. Schnauze halten und verkaufen, sonst Gnade Gott.«

Für mich als Schüler, der das Buch für den Unterricht lesen musste, war diese verknappende Sprachform, die offenbar schon der Preußenkönig Friedrich Wilhelm III. gepflegt hatte (»Müssen sparen«, »Alles verstehen«, »Mir fatal!«) eine Entdeckung. Ich konnte mit meinem alten Schulkumpel herrlich auf dieser Grundlage herumblödeln: »Beule an Kopp?« – »Reck jefall'n!« –

»Zeit heute?« – »Nee. Hausaufjaben!« – »Was'n auf?« – »Deutsch-aufsatz. Vier Seiten« – »Sauerei!«

Zum Glück hatten wir die echte Kaiserzeit nie wirklich kennenlernen müssen. Und auch nicht die Typen, die damals herrschten. »Seine Männlichkeit stand ihm mit Schmissen, die das Kinn spalteten, rissig durch die Wangen fuhren und in den kurz geschorenen Schädel hackten, drohend auf dem Gesicht geschrieben«, beschrieb Heinrich Mann einen solchen Typen. Auf den Fechtböden der schlagenden Verbindungen hat man sich gegenseitig die Narben ins Gesicht gefetzt. Ritsch-ratsch – Mull auf Backe! Ein vernünftiger Mensch konnte dem Ganzen nur mit Humor begegnen.

Jüngst entdeckte ich in einem Band mit berlinischen Gedichten, dass Dichter den schnarrenden Stil jener Zeit treffend parodierten. So wie Georg Bötticher, der Vater von Joachim Ringelnatz. Dieser ließ 1899 im Gedicht »Unjlückstag« einen jener Schmissträger sein trostloses Leben beschreiben:

Heute jeregnet janzen Tag!
Stube mich eckig jesessen – – –
Frühstück, Cijarre – schlecht, übel danach,
Mittags: janz scheussliches Essen!

Und in »Freche Presse« ließ er 1903 einen dieser Typen auf Zeitungen schimpfen, die den Kaiser kritisiert hatten:

Frechheit von Presskerls! Dreistigkeit,
Nase in Alles zu stecken!
Wissen noch nich mit Spandau Bescheid,
Sollten mal halbes Jahr schmecken!

Natürlich war die Festungshaft in Spandau gemeint.

Ja, blinde Kaisertreue prägte einst einen großen Teil des Berlinischen, bis in die Sprache. Und nicht zu vergessen: der Adelsdünkel! Dieser wirkt bis heute nach – im Geklatsche bunter Blätter über Hochzeiten in ranzigen Fürstenhäusern irgendwo in der Provinz. Da fällt mir ein Dialog ein, den mir meine über 80-jährige Tante aus Lichtenberg einmal erzählte. Zwei Berliner Hunde treffen sich. Der eine sagt: »Ich heiße Kuno vom Schreckenstein. Und du? Biste ooch adelig?« – »Klar!«, sagt der andere. »Ick heiße Runter vom Sofa!«

## Besuch beim Neandertaler

Neulich unterhielten sich in der Bahn zwei Männer darüber, dass man sich mehr bewegen sollte. »Mein Arzt hat jesacht, ick soll jeden Tach 'ne halbe Stunde stramm loofen«, sagte der eine. »Der Neandertaler soll ja jeden Tach fuffzichtausend Schritte jemacht haben.«

Ja, und wo ist er heute?, fragt man sich. Das »stramme Loofen« scheint ihn jedenfalls nicht davor bewahrt haben, auszusterben. Und auch wenn tatsächlich im Internet zu lesen ist, dass der Neandertaler täglich 30 Kilometer gelaufen sein soll, was bei kurzen Beinen tatsächlich etwa 50.000 Schritte sind – woher weiß man das? Ist ihm beim Aussterben der Schrittzähler aus der Hand gerutscht?

Aber allein die phänomenale Leistung könnte heutige Krankenversicherungen dazu bewegen, ein Gesundheitsprogramm

»Fit wie ein Neandertaler« aufzulegen. Wenn es eine Zeitmaschine gäbe, würde sicher ein Versicherungsvertreter in die Vergangenheit reisen, um einen Neandertaler nach Tipps für seine Klientel zu fragen. Gut, ich habe gehört, dass es in unserer Region keine Neandertaler gegeben haben soll. Aber wer weiß, vielleicht doch. Ich könnte mir jedenfalls manchen Berliner sehr gut als alten Neandertaler vorstellen.

Der Vertreter würde sich also – hui – in den Müggelbergen mit Neander-Orje treffen, dem Chef einer Horde. Dieser würde vor einer Fellhütte sitzen, die mit Mammut-Stoßzähnen abgestützt ist. Und folgendes Gespräch würde sich entwickeln:

Vertreter: »Nun sagen Sie mal, Herr Neander-Orje laufen Sie wirklich am Tag 50.000 Schritte?« – Neander-Orje: »Naja, jezählt hab ick se nich, aber wir alle sind von früh bis spät uff de Beene.« – Vertreter: »Woher kommt in Ihrer Horde die Motivation, sich so viel zu bewegen?« – Neander-Orje: »Moti-wie-wat? Janz einfach: Wenn die Sonne uffjeht, müssen wa raus. Die Meedels loofen nach Beeren, Pilze, Holz und lauter so Höhlenzeuchs. Und wir jehn uff Jacht.«

»Den ganzen Tag an der frischen Luft. Das ist doch entspannend und gesund.« – »Entspannend? Haste schon mal 'n Mammut jejaacht? Een Rentier oder 'n Wildesel? Da loofste wie 'n Bekloppta, bis dir de Zunge hinterherschleift.« – »Ja gut, von nichts kommt nichts. Aber man sieht ja auch das Ergebnis: Sie sind schön schlank, haben definierte Muskeln. Achten Sie eigentlich auch auf Ihren Cholesterinspiegel?« – »Kolle-wat?« – »Na, dass das Fleisch, das Sie essen, nicht zu fett ist.« – »Fleesch zu fett? Bei dir trillerts wohl im Busch? Bei uns is allet zäh und mager. Dit Viehzeuch is dürre, weil et ständig von uns wegrennt. Und wir sind dürre, weil wir ständig hinter dem Viehzeuch herrennen. Außer beim Säbelzahntija. Wenn der kommt, flitzte wie anjestochen.« – »Haha, eine gute Idee, der Säbelzahntiger als Fitness-Coach!« – »Ja, du Heini, und jede zweite Woche fressen wa Grassamen, weil wa nüscht jejaacht ham.«

»Eine Grassamen-Diät? Haben Sie da einen Tip für unsere Versicherten?« – »Na einfach inne Hütte lejen und sich nich bewegen.« – »Nicht bewegen? Aber die 50.000 Schritte müssen Sie doch kontinuierlich machen. Um fit zu bleiben.«

»Pah!«, ruft Neander-Orje plötzlich, springt auf, greift sich seinen Speer und beginnt wütend einen Kriegstanz, wobei er laut singt:

Von wejen fuffzichtausend Schritte!
Ick bleibe jetz in meene Hütte,
fress Pizza, tu im Sessel sitzen
und pfeif auf die Jesundheitsfritzen.
Ick hör Musik, Zarah Neander,
werd fett wie ein Neander-Panda,
Schluss mit dem Jagen, Klagen, Plagen
und den Neander-Wandertagen!
Laut jubelts im Neandertale:
Wir werden Menschen, janz normale!

Ob so eine Haltung am Ende wirklich gegen das Aussterben hilft? Mal abwarten.

# Verhaltensbiologie des Pärcheneinkaufs

In der Vorweihnachtszeit kann man es gut beobachten: Pärchen gehen durch die Textilabteilung des Kaufhauses, um gemeinsam einzukaufen. Oft passiert das recht harmonisch. Nicht selten aber sieht man auch folgendes: Die Frau eilt zielstrebig durch den Laden. Der Mann wackelt hinterdrein, mit hängenden Mundwinkeln. Er hasst Kaufhäuser, aber heute muss ja wieder mal »eine Jacke« gekauft werden, als Ersatz für Verschlissenes.

Allein geht er nie. Seit 70 Jahren suchen ihm Frauen die Kleidung aus, erst Mama, dann Bruni, dann Siggi, dann Gitti. »Guck mal! Die Jacke hier«, sagt seine Jetzige, während sie was vom Ständer greift. »Zieh die doch mal an! Die passt doch ganz gut. Ist praktisch, hält schön warm. Und wenn du das Futter rausnimmst, kannst du sie auch als Übergangsjacke tragen.« Ihm ist das wurst, Hauptsache, er hat was zum Anziehen.

Das bringt mich auf die Idee, eine kleine Typologie des Pärcheneinkaufs zu verfassen. Oder besser eine Verhaltensbiologie. Denn man kann die verschiedenen Verhaltensweisen auch recht gut anhand von Tierarten beschreiben. Hier einige Beispiele:

Eichhörnchen und tapsiger Bär: Die Frau läuft emsig durch den Laden und sammelt Vorräte. Der Mann sitzt im Bau – hinterm Vorhang der Ankleidekabine – und wartet. Ein Kleidungsstück nach dem anderen wird ihm hereingereicht. Ab und zu kommt er heraus und stellt sich tapsig vor den Spiegel. Das Eichhörnchen zippelt und zuppelt an ihm herum: »Dreh da mal! Loof mal 'n paar Schritte! Jefällt dir die Hose?« – Brummige Antwort: »Mmmh.« – »Die ist doch jenauso wie deine alte, die du so jern getragen hast. Und ooch nich teuer. Wenn de 'n Jürtel rinmachst, hängtse ooch nich so. Von de Länge passt se. Zur Not lass ick 'n Saum raus. Sach doch mal wat!« – »Mnnja! Jut. Ejal.« – »Dann jeh rin, zieh se aus! Ick häng derweil die andern zurück.«

Streifende Füchse: Oft sind es jüngere Paare, die sehr gern shoppen gehen. Sie ziehen durch den Laden im biologisch genau vorgegebenen Abstand, was sie in die Lage versetzt, möglichst viel zu überblicken, zugleich aber Informationen auszutauschen: »Ej, guck mal die Mütze! Sieht geil aus.« – »Wow! Würdeste so'n Gürtel tragen?« – »Die gleiche Tasche hat Paula.« – »Ich find die Farbe blöd.« Bei solchen Streifzügen geht es meist um Accessoires, nicht um die Basis-Kleidung. Diese wird von jungen Füchsen meist in Alleingängen besorgt.

Affenfamilie: Das große Problem solcher Familien ist die Divergenz der Interessen. Erst vor wenigen Tagen habe ich eine gesehen: Die junge Mutter war ganz nervös, weil sie unbedingt alle drei Kinder einkleiden wollte. Der Junge und die zwei Mädchen hopsten umher, zerrten mal dies, mal das aus dem Regal. Eines der Mädchen wollte »unbedingt, bittäääää!« ein knallgrünes T-Shirt haben. Der Papa guckte umher und suchte was für sich. Plötzlich platzte der Mama der Kragen. Sie rüffelte ihn: »Nein, du suchst dir jetzt nichts aus hier! Wir sind da, um für die Kinder was einzukaufen. Du kannst ja extra noch mal gehen.« Bloß weg hier!

Elster im Probierrausch: Von ihr lebt das Kabarett seit mehr als 100 Jahren. Die Freundin oder Frau probiert exzessiv ein Stück nach dem anderen an, während der männliche Part schwitzt und wartet. Oft geht es dabei um Schuhe. Legendär ist auch »Der Blusenkauf« des Kabarettisten Otto Reutter, geschrieben 1927. Hier steht der Mann stundenlang vor dem Laden, während sich die

Frau drinnen nicht entscheiden kann, ob die Bluse blau, violett, gelb, grün, kariert oder gestreift sein soll. Am Ende fällt er um und ist tot.

Dösende Dachse: Um ein Ableben durch Überanstrengung zu vermeiden, gehen viele Paare in der Winterruhe gar nicht erst aus der Höhle. Sie bestellen im Internet. Was nicht über den dicken Dachsbauch passt, wird zurückgeschickt.

Ein Greenpeace-Video hat aber neulich gezeigt, dass Amazon etwa 30 Prozent seiner Online-Retouren vernichtet und der Anteil des Online-Handels am gesamten Verpackungsmüll 50 Prozent beträgt. Vielleicht ist es ja doch besser, sich ab und zu unter die verschiedenartigen Exemplare des Homo kaufhausiensis einzureihen. Es ist zwar anstrengend, aber auch unterhaltsam.

. . . . . . . . . . . . . . . . . . . . . . . . . . . . . . . . . . . . .

## Das große Wummern

Heute mache ich mal einen Test. Ich frage: Was ist bemerkenswert an folgender Geschichte? Los geht's:

»Jestern ahmt konnt ick lange nich einschlafen. Okay, ick lag bei meene Freundin, da schlaf ick eh nich so jut. Hinzu kam dit Wummern von die Bässe nehman. Also bin ick uffjestanden und hab ma jesacht: Los, runter, 'ne Runde loofen! Hab ma den ollen Trenchcoat von meen Opa anjezoren, den ick imma trare, und 'n Schirm jegriffen, Modell Nullachtfuffzehn. Weil, die Wetterfrösche ham nämlich Rejen anjesacht.

Und wie ick runta komme, seh ick uff de andre Seite meene Frau. Au Backe, denk ick, gleich jibs dicke Luft. Die gloobt nämlich, det ick uff Nachtschicht bin. Bloß weg, schnell uff Tauchstation! Doch die hatte ma schon jesehn und is hinta mir herjedüst. Ick also 'n Zahn zujelecht und ab durch de Kleinjartenanlare bis in Wald. Dort hab ick se abjehängt, mir aber ooch voll verfranzt. Und allet nur wejen die blöden Latrinenparolen, det ick wat mit 'ne andre habe!«

Also, was ist bemerkenswert an dieser Geschichte? Okay, es geht um einen notorischen Fremdgänger, der zufällig seiner Frau begegnet. Aber darüber hinaus? Ich sag's mal: Die Geschichte enthält neun Worte, die wir heute noch nutzen, ohne zu wissen, dass sie aus dem Ersten Weltkrieg stammen, der vor 100 Jahren zu Ende gegangen ist.

Glaubt man dem, was der Autor Matthias Heine in seinem jüngst erschienenen Buch »Letzter Schultag in Kaiser-Wilhelmsland« schildert, dann haben Soldaten das Wort »wummern« im Schützengraben erfunden, um das Geräusch fernen ununterbrochenen Geschützdonners zu beschreiben. Der »Trenchcoat« war ein Grabenmantel, getragen von britischen Offizieren. »Nullachtfuffzehn« stammt vom Maschinengewehr 08 aus dem Jahre 1915. »Wetterfrosch« ist Fliegerjargon für einen mit der Wetterbeobachtung betrauten Offizier. »Dicke Luft« hieß es, wenn Geschosse und Granatsplitter so dicht flogen, dass man lieber nicht den Kopf herausstreckte. »Auf Tauchstation« ging man mit dem U-Boot. »Einen Zahn zulegen« stammt aus der Fliegerei. Die Geschwindigkeit der frühen Flugzeuge wurde per Zahnrad reguliert. Und »verfranzen« hieß es, wenn man sich verirrte, denn der Navigator im Flugzeug wurde Franz genannt, der Pilot Emil. »Latrinenparolen« muss man nicht extra erklären.

Während an der Front neue Worte entstanden, entledigte man sich im Hinterland unzähliger Begriffe, vor allem französischer. Mit der Eindeutschung hatten eifrige preußische Beamte schon lange vor dem Weltkrieg begonnen. Denn man konnte ja nicht zulassen, dass in Eisenbahn, Wirtschaft, Militär und Post weiter die Sprache des »Erbfeindes« genutzt wurde.

Und so entstanden per Erlass jene Begriffe, die wir heute noch Nutzen: »Briefumschlag« statt »Couvert«, »durch Eilboten« statt »per express«, »per Einschreiben« statt »recommandiert«, »postlagernd« statt »poste restante«, »Rückfahrkarte« statt »Retourbillet«, »Schranke« statt »Barriere«, »Bahnsteig« statt »Perron«, »Abteil« statt »Coupé«.

Besonders eifrig agierte ein preußischer Oberbaurat und führender Vertreter des Allgemeinen Deutschen Sprachvereins. Unter seinem Druck wurden fast 1.300 Termini verdeutscht. Er hieß Otto Sarrazin und war – so heißt es – ein Urgroßonkel Thilo Sarrazins, der mit Büchern wie »Deutschland schafft sich ab« und »Feindliche Übernahme« für Furore sorgte. Manchmal glaubt man, dass irgendwer mit unbändigem Humor an den Fäden der Geschichte zieht.

- - - - - - - - - - - - - - - - - - - - - - - - - - - -

## Ach du dicke Jurke

Ein Leser aus dem Saarland schrieb mir, dass er sich regelmäßig in Berlin mit einem alten Freund treffe. Eines Tages hätten sich beide gestritten. Es sei um eine berlinische Frage gegangen. Er selbst habe behauptet, der echte Berliner sage immer »Jurke«, während sein Freund erwidert habe, es heiße »Gurke«. Nicht immer ersetze der Berliner das G durch das J. »Diese Meinungsverschiedenheit tragen wir nun seit Jahren aus«, schrieb der Leser. »Können Sie uns helfen?«

O weh, welche Verantwortung! Zunächst einmal: Klar sagt man in Berlin »Gurke«, so wie man auch »Cucumber«, »Ogurez«, »Salatalik«, »Krastavac«, »Agurk«, »Concombre« oder »Juchke« sagt – je nachdem, woher man kommt. In Berlin schwirren ja viele Sprachen und Dialekte durcheinander. Aber ein Berliner, der echt berlinert, sagt eindeutig »Jurke«. Womit die oben gestellte Frage schon beantwortet wäre.

Aber die Frage des Lesers geht ja ins Grundsätzliche: Nutzt der Berliner eigentlich immer das J, wenn in einem Wort ein G erscheint? Viele kennen ja Sprüche wie: »Jips jibs inne Jipsstraße. Jibs da keen Jips, jibs jar keen Jips.« Und: »Ne jut jebratne Jans is 'ne jute Jabe Jottes.«

Doch es kann bereits Streit entstehen, wenn man fragt, ob es nun »jrüne Jurke« oder »grüne Jurke« heißt. Denn hier gibt es – wie in anderen Fällen auch – Unterschiede zwischen den Generationen, Gegenden und Graden des Berlinischen.

Wie schon öfter erzählt, soll das Berlinische seine lautlichen Wurzeln im Obersächsischen haben. Das behauptete 1927 die Sprachforscherin Agathe Lasch, die in ihrem Buch »Berlinisch« viele Belege dafür lieferte. »Jott jeb euch ein jutes naues Gahr« – so beglückwünschte man sich zum Beispiel 1626 in Meißen zum Jahreswechsel. Witzig ist hier die direkte Verwechslung von J und G. Statt Gott sagte man »Jott«, statt Jahr »Gahr«.

Der Berliner übernahm die Lautformen, verwendete aber stets das J. Nur, wenn er besonders vornehm tun wollte, bemühte er sich, es zu vermeiden. So erzählte mir ein Leser eine Geschichte, die er von seinem Großvater hatte: Dessen Schwester wollte sich als moderne junge Frau in den 1920er Jahren unbedingt das Berlinern abgewöhnen, denn das »jinge ja jar nich mehr« mit dem ewigen J. Auf einer Familienfeier wurde politisiert. Es war zur Zeit der Inflation und die Schwester meinte, es sei schon »ein Gammer mit den Millgonen«. Alles prustete vor Lachen.

Was J und G im heutigen Berlinisch betrifft, gibt es feine Unterschiede. Es wird nicht generell gejottet. Man sagt zwar »liejen«, »siejen« und »biejen«, aber nicht »Jujend«, wenn von der Jugend die Rede ist. Da klingt es eher wie »Jurend«. Genau wie es nicht »Ick schlaje dir« heißt, sondern »Ick tu da schlaren« oder »Ick schlach da«.

Besonders interessant ist für mich, dass in den vergangenen 100 Jahren offenbar ein Lautwechsel stattgefunden hat, und zwar bei der Folge eines Konsonanten auf das G. Früher hieß es zum Beispiel »jraben«, »jroß«, »jrün« und »jleich«, wobei das J schön fett gesprochen wurde, wie man es etwa bei Songs der juten alten Claire Waldoff hören kann: »Warum liebt der Wladimir jjjrade mir, jjjrade mir?«

Heute sprechen nur noch ältere Berliner so. Man sagt meist »graben«, »groß«, »grün« und »gleich«. Aber wenn dem G ein Vokal folgt, verwandelte es sich noch immer in ein J: »jut«, »janz«, »Jips«, »Jeduld« – und eben auch »Jurke«.

## Der Boom kippt!

Der Weihnachtsbaum heißt in Berlin einfach »Boom«. Zumindest wird er von vielen Berlinern so genannt, nicht zu verwechseln mit dem englischen Begriff für Aufschwung, »Buum« gesprochen. Der Berliner sagt's wirklich mit O. »Haste schon 'n Boom?«, fragt man sich im Vorüberhasten. Denn das Weihnachtsfest ist reiner Stress.

Die Bezeichnung des »Booms« – Mehrzahl: »Böme« – kann sich wandeln, je nachdem, was man für ein Exemplar ergattert hat. Dann wird aus ihm eine »Krücke«, ein »Nadelmonster«, eine »fiese Fichte« oder eine »Hallelujastaude«. Zumindest gab's diesen Ausdruck früher einmal. »Mensch, die Hallelujastaude hat dir eena anjedreht!« Meine über 80-jährige Tante aus Lichtenberg meint, dass dieser Ausruf einst in einem Gedicht der Berliner Zeitung gestanden haben soll. Ich hab das ganze Archiv durchsucht. (Ja, diese Arbeit macht man sich für liebe Tanten!) Und ich fand einen launigen Vers von 1965, die Verteidigungsrede eines »Boom«-Verkäufers:

»Wat heeßt hia Hallelujastaude,
soon Boom ham Se noch nich jesehn,
der tat erst neben eene Baude
als Zierde in't Jebirje stehn.«

Heute, gut 50 Jahre später, ist die Chance, ein gleichmäßig gewachsenes Norm-Exemplar zu bekommen, viel größer geworden. Denn »Boom«-Plantagen, in denen die Dinger in Reih und Glied wachsen, überziehen halb Europa.

Übrigens: Wenn der Berliner einst korrekt von »Weihnachtsbäumen« sprach, dann meinte er jene Leuchtmarkierungen, die am Nachthimmel über ihrer Stadt erschienen, um den alliierten Bombern den Weg zu weisen. »Es gab Zeiten, da ›Weihnachtsbäume‹ sogar am Himmel leuchteten«, schrieb die Berliner Zeitung 1961. »Das Pfeifen der Bomben und Sirenen gab dazu eine satanische Musik.« Meine Oma, die am Rande Berlins wohnte, notierte am Heiligabend 1943 in ihrem Tagebuch: »Von halb vier bis halb sechs Uhr war Alarm. Ich war noch gar nicht richtig fertig angezogen, da fielen die ersten Bomben. Das Haus schwankte. Der Putz fiel auf die Betten und Sofa und Tisch.«

Doch zurück zum heutigen »Boom«. Er steht für Friede, Freude, Eierpunsch. Doch das bedeutet nicht, dass nicht auch heute was passieren kann. In solchen Fällen ist die begriffliche Kürze ein großer Vorteil. »Der Boom brennt!« und »Der Boom fällt um!« ist schnell geschrien.

Mancher schwört auf echte Kerzen. Mir kommt so was nicht ins Haus. Erst braucht man eine halbe Stunde, um sie anzuzünden, dann brennen sie zwei Minuten, bis das erste Zweiglein in Brand gerät. Die Feuerwehr hat neulich wieder nette Videos gezeigt. Man sieht Flammen am »Boom« hochschlagen. Fette Rauchschwaden sammeln sich unter der Decke – wegen der ätherischen Öle der Tannennadeln. Bloß weg!

Auch der »Boomständer« ist wichtig. Das kann ich aus eigener Erfahrung sagen. Es geschah folgendermaßen: Eines Tages, nachdem mein erstes Kind geboren worden war, überreichte mir mein Vater einen Koffer und sagte: »Nun hast du selbst Familie und wirst das Weihnachtsfest ausrichten. Dafür schenke ich dir unseren guten alten Baumschmuck.« Diesen kannte ich seit Kindertagen. Es waren silberne Kugeln – der Berliner sagt »Kureln« – und eine schöne Baumspitze. Zur ersten eigenen Familienweihnacht hängte ich alles feierlich an den »Boom«.

Der war leider ein bisschen zu groß für den grünen Ständer aus Gusseisen. Als alles feierlich an den Zweigen hing, rauschte es plötzlich gewaltig. »Der Boom kippt«, schrie ich, und schon lag das Ding quer im Zimmer. Die Kugeln zerplatzten wie kleine Bömbchen. Zum Glück nicht alle. Auch die Spitze blieb heil. Es wurde auch niemand erschlagen.

Weil die Läden noch geöffnet hatten, liefen wir los, um die Kugel-Restbestände aufzukaufen und einen größeren Ständer zu besorgen. Der »Boom« wurde aufgerichtet, neu geschmückt. Am Ende sah er nicht mehr silbern vornehm aus, sondern lustig bunt. Das hatte er nun davon, der kleine Clown. Warum musste er auch umfallen?

· · · · · · · · · · · · · · · · · · · · · · · · · · · · · · · ·

## Den Tieren reicht's

Es geschah ein paar Tage nach Silvester. Die Tiere Berlins versammelten sich im Müggelwald am Rande der Stadt. Sie kamen gekrochen, gehumpelt, geschlichen und im Zickzack dahergeflattert. Das Wildschwein drehte sich noch immer im Kreis. Vor Entsetzen. Ein Geschoss hatte ihm das Fell versengt. Dem Spatz hatten Raketen die Flügel zerzaust. Dem Hund hingen traurig die Ohren herab. Er litt unter einem Hörsturz. Die Katze zitterte. Sie kam geradewegs von einer Sitzung beim Psychiater. Die Eule lehnte lädiert an einem Stamm. Sie war vor Schreck vom Baum gefallen in jener furchtbaren Nacht.

Der freche Fuchs führte das Wort. Sein Schwanz sah aus wie ein explodierter Staubwedel. Das Ergebnis eines Polenböllers. »So jeht dit nich weiter Freunde«, rief der freche Fuchs. »Jedet Jahr der janze Stress. Jestank und Jerummse, Jeblitze und Jekrache. Und dit wird immer schlimma. Wir haben schon so ville Kumpels verloren. Ick gloobe, wir müssen endlich wat dajejen machen.«

»Wenigstens ist jetzt erst mal wieder ein Jahr Ruhe!«, seufzte der Waschbär. »Von wejen«, rief der Fuchs. »Unsere jute Zitter-Minka hier, die Katze, hat bei ihre Herrschaften, wo se wohnt, inne Zeitung jekiekt. Da stand drin, wat wir schon lange wissen: In Berlin wird dit janze Jahr jeballert. Ob Jartenfest, Omas Jeburtstach oder Vereins-Jubeltach: Imma jib ihm! Zweehundertdreißich sojannte Feuawerke. Allein in fünf Bezirke. Und dit in een einzijet Jahr. So hat dit inne Zeitung jestanden.«

»Und warum nur?« – »Was ist der Sinn?«, fragte die versammelte Tierschar.

»Uhuu!«, meldete sich die erschöpfte Eule. Nicht nur, dass sie in der Nacht vom Baum gefallen war. Der Krach hatte ihr auch die ganze Jagd zunichte gemacht. »Von meinem Urururururur-Großvater ist eine Geschichte überliefert. Dieser zufolge hat es vor unzähligen Jahren ein so großes Feuerwerk hier in der Stadt gegeben, dass sogar viele Menschen-Häuser zusammengefallen sind. Die Böller waren nicht aus Pappe, sondern aus Eisen. Und überall hat es gebrannt – uhuu. Das muss für die verrückten Menschen so toll gewesen sein, dass sie sich danach zurücksehnen!«

»Du sachst dit, meen kleena Flauschvorel«, sagte der freche Fuchs. »Und dajejen müssen wa jetz wat machen! Auf zum Widerstand! Der Mensch wird imma blöder! Wenn dit so weitajeht, jibt dit irjendwann hier keen mehr von uns. Weil wa denn alle dot sind oder ausjewandert. Aber jetz machen wa dem Menschen dit Leben zur Hölle!«

Und so berieten die Tiere. Stundenlang. »Wir gründen ein Fähnlein Fieselscheiß«, riefen die Möwen, »und bombardieren im Sommer ihre Partyboote, von oben bis unten.« Und alle so: »Yeah!« – »Wir stauen die Spree auf«, verkündeten die Biber, »dann versinken ihre überteuerten Ufer-Stadtvillen im Wasser!« – »Wir ziehen in Kompaniestärke los und zerwühlen den Fußballrasen bei Union und Hertha«, riefen die Waschbären. – »Super! Rollrasen!«, jubelten die Tiere.

Beschlossen wurde außerdem, dass die Marder im Akkord Autokabel durchknabbern, die Wildschweine mit den Siedlungs-Mülltonnen Kegeln spielen und die Krähen im großen Stil Jagd auf Pudelmützen und Hüte machen sollten.

»Klar wern se dann wieder rumheulen, die Menschen«, sagte der freche Fuchs. »Se wern über uns saren, det wa 'ne große Plage sind. Und se wern Jagd uff uns machen. Aber wenn wa zusammenhalten, denn jewinn wa! Alle uff zur Hatz: Spatz, Katz und Ratz! Und eines Tages ist die Stadt unser!«

Ich frage mich: Musste es am Ende so kommen? Nein, man hätte eher an die Tiere denken können. Nun ist es leider zu spät. Wir müssen die Folgen unseres Tuns tragen. Dabei hatte ich an dieser Stelle lediglich allen Geschöpfen dieser Stadt – ob groß oder klein – ein friedliches neues Jahr wünschen wollen.

## Die Perlschnur ist weg

Wenn ich so durch die Stadt reise, bekommt mein Kopf immer etwas zu tun. Ich stehe zum Beispiel auf einem U-Bahnhof und entdecke ein Schild: »Sehr geehrte Fahrgäste, wenn Sie diesen Text lesen, wurde die Perlschnur entwendet. Wir kümmern uns um einen zeitnahen Ersatz.« Aha, die Perlschnur ist weg, denke ich. Was ist das? Vielleicht eine Art Rosenkranz, mit dem man beten kann, wenn die Bahn lange Zeit nicht kommt? Oder die alte Perlenkette von der Oma des Stationsvorstehers? Aber wieso soll die hier hängen? Und gibt es überhaupt noch Stationsvorsteher?

Im Internet erfahre ich, was es mit der Perlschnur auf sich hat. Man bezeichnet damit »die grafische Darstellung einer Verkehrslinie (lineares Element) mit ihren Haltestellen (Perlen)«. Aha, denke ich, es geht um die Kullern, zum Beispiel auf dem Linienplan der U1. Aber sind unsere Bahnhöfe wirklich so schön und glänzend wie Perlen? Oder nicht eher etwas schmuddelig, grau und kantig wie Schottersteinchen?

Die Sprache der Bahn irritiert mich oft. Neulich erzählte jemand, eine Zugbegleiterin in einem Fernzug habe gefragt, wer noch nicht »beschaffnert«, also vom Schaffner kontrolliert worden sei. Wenn das Schule macht, heißt es bald: Der Kunde wird beverkäufert, der Kranke bedoktert, der Kriminelle bepolizeit.

Das Bahndeutsch ist meines Erachtens eine Sprachvariante, die Sachverhalte oft ganz bewusst verkompliziert und verschleiert. Warum sagt man »Fahrzeitverlängerung«, wenn es sich um eine simple, ärgerliche Verspätung handelt? Oder: Warum

»kommt ein Zug zur Ausfahrt«? Hat man Angst, dass die Leute beim Ruf »Achtung, der Zug fährt aus!« denken, er werde plötzlich länger – wie eine Harmonika? Korrekter wäre natürlich: »Der Zug fährt hinaus.« Seltsam auch: »Zug endet hier.« Das stimmte nur, wenn man am Zug entlangginge und nach dem letzten Wagen sagte: »So, der Zug endet hier.« In Wirklichkeit ist gemeint: »Die Zugfahrt endet hier.«

Und was bedeutet »außergewöhnlich hohes Reisendenaufkommen«? Kann man nicht einfach durchsagen: »Achtung, es sind einfach zu ville Leute da, wir können nich jeden mitnehmen«? Oder ist in dem »Aufkommen« bereits die Ankündigung versteckt, dass wir alle – die Reisenden – für den Schaden aufkommen müssen, den sich die Bahn durch ihre Sparerei selbst beigebracht hat?

Auch im »öffentlichen Personennahverkehr« der Stadt werde ich oft fündig, was die Sprache betrifft. Schon dieser Begriff ist witzig. Er erinnert so schön an freie Liebe im öffentlichen Raum. Doch alle Idylle verfliegt, wenn man wieder etwas sprachlich Verhunztes hört. Wenn es etwa bei der S-Bahn-Durchsage heißt, dass der Zug »aufgrund Bauarbeiten« dort und dort nicht halten könne. Für ein kleines »von« müssten die Mittel doch noch reichen.

Oder wenn in der Bahn die Ansage kommt: »Achtung, Türen können automatisch öffnen.« Spätestens in diesem Moment meldet sich mein innerer Berliner. »Wer hat'n diese Ansage uffjenommen?« blafft er los. »Ick frach ma jedes Mal: Wen oder wat sollen die Türen automatisch öffnen? Dit is doch keen Deutsch. Dit muss doch heißen: Die Türen können sich automatisch öffnen. Oder: Die Türen können automatisch uffjehn. Du rufst doch zu Hause ooch nich, wenn der Wind weht: Pass, uff, nimm den Kopp weg, dit Fensta öffnet! Überlech mal: Da kommt jemand hierher, will Deutsch lernen und hört so wat!«

Gut, mein innerer Berliner regt sich etwas zu doll auf. Aber im Grunde kann ich ihm nicht widersprechen.

## Der Mond ist ein Berliner

Es ist wieder große Aufregung um den Mond. Wegen der totalen Mondfinsternis am kommenden Montag. Was aber bisher kaum jemand weiß: Der Mond ist in Wirklichkeit ein Berliner, zumindest ehrenhalber. Die erste Mondrakete startete 1929 in der Nähe von Berlin, in den Ufa-Studios in Babelsberg. Angeblich soll dort nur ein Stummfilm gedreht worden sein, die »Frau im Mond«. Man hatte allerdings den Raketenpionier Hermann Oberth engagiert, offiziell als Berater. Vielleicht ist damals wirklich eine Rakete losgeflogen. Sagte nicht auch US-Präsident Kennedy, der den Auftrag gegeben hatte, Leute zum Mond zu schicken: »Ich bin ein Berliner«? Alles Quatsch? Abwarten! Wir haben jetzt endlich ein Exklusiv-Interview mit dem Mond bekommen. Und drei Mal darfste raten, wie unser Erdtrabant spricht. Hier der Wortlaut:

»Hallo Mond, wie geht's denn so?«

»Da frachste wat! Wie soll et denn jehn, wenn de uff eene Seite bei hundertdreißich Grad schwitzt und uff die andere Seite bei minus hundertsechzich Grad bibberst? Da weeßste nie: Soll ick jetz 'n Pullover anziehn oder mir nackich in de Milchstraße schmeißen? Und denn die Krater-Akne! Überall Löcher und Beulen!«

»Ich habe gehört, Sie werden jetzt wieder rot?«

»Wat, werd ick? Rot? Wer sacht 'n so wat? Ick bleib vornehm blass, wie immer. Die Krater-Akne und denn noch rot werden, dit würde ja furchtbar aussehen.«

»Na, ich meine, wegen der bevorstehenden Mondfinsternis. Da färben Sie sich doch so super rot, wie man sagt.«

»Ach, tu ick dit? Ick gloobe nich. Bei mir is et ja dunkel. Ick freu ma jedenfalls schon uff die bevorstehende Sonnenfinsternis. Dit haste ooch nich alle Tare, det die kitschije blaue Kurel über dir sich vor die blöde Sonne schiebt, dit eitle Ding. Ick werd dit Schauspiel jedenfalls jenießen.«

»In diesem Jahr ist ein großes Jubiläum. Vor 50 Jahren landeten Menschen auf Ihnen. Erinnern Sie sich an die Ankunft von Apollo 11?«

»Apollo wat? Ick weeß nich, wie dit janze Zeuch heißt, wat da uff mir ruffjeknallt oder jelandet is. Dit hat vor einijer Zeit mal bejonnen. Ick bin seitdem schon viele Male mit die blaue Kurel um die Sonne jereist. Un ick kann dir saren: Et is unanjenehm.«

»Was ist unangenehm?«

»Na, ick hatte ja lange Zeit 'n bisschen Ruhe jehabt. Ick dachte, det dit Bombardemang von die hässlichen Steinbrocken aus'm All endlich vorbei is – von wejen Krater-Akne. Denn jing dit plötzlich los. Erst schlug een Ding ein, denn det andere. Ick hab mal nachjezählt: Jut zwanzich Mal is so een Blechdings bei mir uffjeschlaren, rumms – kaputt, acht Mal is wat jelandet, hat 'ne Weile jepiepst und liecht jetz da rum. Sechs Mal sind komische Typen uff mir jehopst. Wat die jesucht ham, weeß ick nich. Und denn jib's noch diese seltsamen Karren.«

»Mondrover.«

»Wie ooch imma. Viere davon stehn hier rum. Zusammjefrie-melt mit Joldfolie und Lenkerband. Hässlich. Und total nutzlos. Jerade kam wieder een neuet, aus China oder so.«

»Mmh, klingt nicht sehr begeistert, lieber Mond. Wir danken jedenfalls für das Interview.«

»Nischt für unjut. Aber holt endlich mal den janzen Schrott hier ab! Mal sehn, ob ihr dit schafft.«

## Oberedle Schnitzelbude

Ich war gerade in einem dieser berühmten Edel-Restaurants am Gendarmenmarkt. Der Berliner würde sagen: »Bongforzionös, der Schuppen. Aber wat soll ick da?« Doch ein Bekannter, der nach langer Zeit erstmals wieder in Berlin weilte, hatte einen Tisch dort bestellt.

An der Tür nahm uns eine luftig bekleidete Schönheit die Jacken ab. Wir wurden zu einem Tisch geleitet, und ehe wir uns besinnen konnten, schwebten uns überdimensionale Speisekarten entgegen, die sich in der Luft elegant aufklappten. Fast wie von allein. Na gut, ein Kellner hing auch noch dran.

Schnitzel! Man müsse hier unbedingt Schnitzel essen, sagte mein Bekannter. Und er begann gleich zu erzählen, dass man für ein perfekt zubereitetes Wiener Schnitzel zwei Pfannen brauche. Er redete von heißem Fett, Anbraten, Ausbacken und Abtropfen auf Küchenpapier. Er muss das ja wissen. Er jettet als Manager rund um die Welt. Da wird man fit in Schnitzelkunde.

Die Schnitzel kamen herangeschwebt. Jedes so groß wie der halbe Tisch. Der Preis: ein Euro pro Quadratmillimeter. Na gut, das ist ein bisschen übertrieben. Aber beim Säbeln fragte ich mich, warum man überhaupt in eine solche Edelbude gehen muss, in der schon der kleine Obstler zehn Euro kostet. Zum Glück wurde ich von dem Bekannten eingeladen.

Ich schaute mich um: eine Art Halle mit Säulen, lange, dicht besetzte Tische – ein Betrieb wie in einer russischen Großkantine, einer Stolowaja. Dieser Begriff kam mir in den Sinn, weil neben uns tatsächlich Russen saßen. Die Frauen präsentierten tiefe Dekolletés, die Männer enge Hemden und goldene Uhren. Reichtum traf auf Eckkneipe. Zumindest vom Geräuschpegel her. Es war so laut, dass man fast brüllen musste, um sich zu unterhalten.

Offenbar ging's auch gar nicht um Entspannung. Man kam her, um zu sehen und gesehen zu werden. »Guck mal«, rief der Bekannte, »da vorne an der Säule sitzt der, der mal 'ne Fernsehsendung hatte und dann wegen Koks und Prostitu…« – »Ja genau«, rief ich zurück. »Dit issa!«

Ich nippte am teuren Chianti. Mein Kopf wurde heiß. Während der Lärm weiter anschwoll, die Kellner im Muschebubu-Licht hin und her eilten und weitere Herren mit hochhackiger Begleitung hereinkamen, musste ich auf einmal an die TV-Serie »Berlin Babylon« denken. Gleich würde jemand lossingen: »Zu Asche, zu Staub, / Dem Licht geraubt, / Doch noch nicht jetzt …« Der Trommeltanz würden einsetzen, alles aufspringen und umherhopsen.

Passend zur Stimmung erzählte der Bekannte plötzlich vom Berliner Filz. Wie dieser zwangsläufig zum Berliner Flughafen-Dilemma führen musste. Und wie einer seiner Freunde in den 1990er Jahren als Studentenvertreter mal einen Hochschul-Präsidenten auf dem Kieker hatte. Ich hörte Satzfetzen: »dubioses Geflecht von Firmen«, »öffentliche Gelder abgeschöpft«, »am Ende nicht wiedergewählt …. Ey, hörste mir noch zu? Jetzt kommt's ja erst!« – »Was kommt?« – »Naja, als mein Freund immer weiter recherchieren wollte wegen der dubiosen Firmen des Präsidenten, fand er eines Tages eine tote Maus im Briefkasten. Samt Zettel, auf dem stand: ›So etwas kann nicht nur Mäusen passieren.‹« – »Boah«, rief ich, »dit is ja gruselig!«

In diesem Moment gab es einen Knall. Einem Kellner war eine Schüssel runtergefallen. Die Splitter flogen bis an unseren Tisch. Okay, ich hab verstanden! Das ist mir hier alles zu gefährlich. Beim nächsten Mal gehe ich wieder zum Döner an der Ecke.

## Das Smartphone als Untersetzer

Ich weiß noch gar nicht, was in diesem Jahr passieren wird. Oder morgen. Aber im Internet stoße ich bereits auf Videos über die »Welt in 100 Jahren«. Ich gucke mir einige davon an. Wie erwartet, verbreiten omnipräsente Professoren Schreckensvisionen. Junge Videoschnipsler begeistern sich an der vermeintlichen Technik der Zukunft: mit Reisedrohnen, Magnetautos, Unterwasserstädten, Wolkenkratzerfarmen sowie Computern und Handys, die von Gedanken gesteuert werden. Ach so: Eine Weltregierung und allgemeine Gleichheit gibt es auch.

Letzteres glaube ich schon mal gar nicht. Auch sonst sollte man mit Zukunftsaussagen sehr vorsichtig sein. Denn der Mensch kann sich gar nicht vorstellen, was am Ende wirklich kommt. Das ist zumindest meine Erfahrung. Wenn ich heute meinem Opa, Jahrgang 1904, ein Smartphone hinlegte, würde er fragen: »Wat is'n dit?«, und er würde es als Untersetzer für sein Bierglas benutzen. »Is'n bisschen glatt und hat 'ne komische Form. Passt ooch nur'n kleenet Glas ruff. Is det aus Plaste?« – »Opi, hör zu«, würde ich sagen, »da drin ist eine Filmkamera, ein Fotoapparat, ein Radio, meine gesamte Musiksammlung, ein

Lexikon, ein Telefon, ein Diktiergerät. Ich kann damit Bilder und Filme rund um die Welt schicken. Und ins Internet gehen. Aber eh ich dir das erkläre ...« – »Klar, Kleena, spinn weita, der Faden is jut. Sind ja nich mal Knöppe und 'ne Strippe dran«, würde mein Opa sagen und seine Hand auf meine Stirn legen. »Fieber haste nich, oder?«

Zukunftsdeuter liegen mit ihren Visionen meist daneben. Fast alle Vorhersagen der letzten 200 Jahre trafen nicht ein. Hier eine Auswahl: »Das Erdöl ist eine nutzlose Absonderung der Erde.« – »Mit der Weltausstellung von Paris wird auch die Geschichte des elektrischen Lichts enden.« – »Diese Strahlen des Herrn Röntgen werden sich als Betrug herausstellen.« – »Es ist dem Menschen unmöglich, die hohen Geschwindigkeiten der Eisenbahn zu ertragen. Sein Atmungssystem wird zusammenbrechen; Tod durch Lungenbluten wird die Regel sein.« – »Ich glaube an das Pferd. Das Automobil ist eine vorübergehende Erscheinung.« – »Es ist unmöglich, Flugmaschinen zu bauen, die schwerer als die Luft sind.« – »Der Fernseher wird sich auf dem Markt nicht durchsetzen.« – »Computer sind nutzlos.« – »E-Mails sind ein absolut unverkaufbares Produkt.« – »Das Internet wird kein Massenmedium. Es ist viel zu kompliziert.«

Als Kind der 1960er Jahre blickte ich noch gespannt auf die ferne Zukunft im sagenhaften »Jahr 2000«. Ach, was es da alles geben sollte: Laufbänder auf Gehwegen, fliegende Autos, dienstbare Heim-Roboter, Essen, das durch die Röhre angesaust kommt. Am Wochenende sollte man »zu den Sternen« reisen.

Und was ist? Ich bin noch zu keinem einzigen Stern gereist. Ich laufe noch immer auf Gehwegen voller Hundedreck. Ich muss mir mein Essen allein ranschaffen. Apropos Essen: Wenn ich als Kind meine Stulle wegwarf, bekam ich »voll die Ausmecka«. Heute fliegen in Deutschland jährlich mindestens elf Millionen Tonnen Lebensmittel in den Müll. Das ist auch ein Trend.

Und dann die ganze Super-Technik: Zwar landen Raumsonden auf Kometen, ein halbes Dutzend Nationen bereitet sich auf Flüge zu Mond und Mars vor. Aber die Fahrstühle im Haus sind ständig kaputt. In Japan gibt es Züge, die halb so schnell wie ein Flugzeug sind, aber die rumpeligen Berliner U-Bahn-Wagen zeigen Risse.

Was meinen Alltag betrifft – abseits vom ganzen Smartphone-Gedöns –, habe ich überhaupt kein hochfliegendes Zukunftsempfinden. Eher so ein Gefühl von Erdenschwere, die der Mensch wahrscheinlich nie loswerden wird. Vielleicht ist das auch gut so. An manchen Tagen klingt mir das folgende, mehr als 100 Jahre alte Berliner Gedicht jedenfalls vertrauter als alle Science-Fiction-Darstellungen:

Fahrn wa so jemütlich
uff de Pferdebahn,
det eene Pferd, det zieht nich,
det andre, det is lahm,
der Kutscher kann nich fahren,
der Konduktör nich sehn,
und alle fünf Minuten
da bleibt die Karre stehn.

## Neander-Orje wundert sich

»Walden. Abenteuer vor der Haustür. Mach dein Ding. Auf zum Jagen, Sammeln, Selbermachen.« Das steht auf einem Lifestyle-Magazin, das ich in einem Zeitungsladen entdeckt habe. Dort wird dieses Walden wie ein neuer Trend verkauft. Dabei ist es gar nicht neu. Bereits 1854 hat der Amerikaner Henry David Thoreau unter diesem Titel ein Buch über sein zivilisationsfernes Leben im Wald geschrieben.

Der moderne Mensch entdeckt das Leben in der Wildnis. Nichts dagegen zu sagen, erst mal. Mir aber kommt, wenn ich das höre, wieder olle Neander-Orje in den Sinn, über den ich neulich hier geschrieben habe. In der Geschichte traf ein Versicherungsvertreter, der mit einer Zeitmaschine weit in die Vergangenheit reiste, zufällig einen Neandertaler. Bis dahin war das einstige Vorhandensein von Neandertalern im Berliner Raum gar nicht bekannt gewesen. Aber nun saß er da: Neander-Orje, der Ur-Berliner.

Man stelle sich vor, einer unserer modernen Walder träfe ihn auf seinem Wildnis-Trip im tiefen Urwald der Müggelberge. Das liefe so ab:

Neander-Orje sitzt vor seiner Fellhütte, hört etwas rascheln und fragt: »Ej, wer is'n da? Wat bist du'n fürn Voorel?« – Walder: »Ich bin ein Walder und will so hart und spartanisch leben, dass alles, was nicht Leben ist, in die Flucht geschlagen wird (Zitat des Walden-Autors Thoreau).« – Neander-Orje: »Wat? Ick versteh keen Wort? Wat willste?«

Der Walder beginnt, sein Anliegen in philosophischer Tiefe auszubreiten. Er begeistert sich an den Bäumen, der Einsamkeit, der reinen Luft. Er spricht vom Abenteuer der Jagd, des Angelns, des Selbermachens. »Bist'n echta Laberkopp, wa?«, fragt Neander-Orje. »Selbamachen! Ja wat'n? Wer soll et denn sonst machen? Der mächtije Lamputzi? Aba wo de schon mal da bist: Mach mal Feuer!«

Der Walder läuft umher, sucht dürre Zweiglein und Blätter, schmeißt alles auf einen Haufen und fummelt an einer Tasche seiner Outdoor-Funktionsweste. »Halt, halt, wat is'n dit?«, ruft Neander-Orje. – »Na, ein Feuerzeug.« – »Een Zeuch, een Wat? Nee, nimm mal den Keil hier und den Stein. Und denn kannste beede immer so aneinanderhaun. ... Nee, nich so. Ej, pass uff! Du haust dir ja uff de Finga. Autsch, dit hat weh jetan! Komm her, ick mach ma'n bisschen Krötenfett ruff und Gras drumrum. ... Mann, du stellst dir vielleicht an, du blinda Waldkautz! Und jetze? Wie soll'n dit Janze jetz glimmen? Du brauchst doch Zunderzeuch! ... Und pusten musste, imma pusten!«

Ein paar Verletzungen und Hustenanfälle später sitzen der moderne Walder und Neander-Orje gemütlich am Feuer. »Ja, dit ist schon een schönet Leben, wa?«, fragt Orje und beginnt zu schwärmen. »Neulich bei de Bärenjacht. Emil und Paule aus de Nachbarhütte hat's leida erwischt. Der Bär hat se in ihre Einzelteile zerlecht. Aba dit Jefühl, wenn de am Ende übalebt hast. Wenn de die blutije Bärenleber so rausnimmst und runterschlürfst. Dit ist det Beste!«

Der moderne Walder muss leicht würgen. Aber er hat zugleich Hunger und zieht einen Schokoriegel aus seiner Weste. »Wat hast'n da?«, fragt Neander-Orje. »Sieht aus wie'n Stück Dachskacke. Schmeckt dit? Bah! Dit is ja ekelhaft! Kiek ma, ick hab hier wat Besseret, een Raupen-Snack. Richtig saftig und fett. Mit Würma.«

Der Walder steht auf, taumelt durch den Wald und ruft: »Zeitmaschine! Zeitmaschiiiiiiine!«

Im Internet habe ich übrigens noch einen Hinweis für Feuermacher im Wald gelesen: »Solltest du kein Kienspan im Wald finden, kannst du es günstig bei Amazon bestellen.«

## Elfenfürze überall

Die einen sind hellhörig. Sie lauschen dem leisen Rascheln des wachsenden Grases in 100 Metern Entfernung. Andere sind hellsichtig. Sie wissen schon heute, was übermorgen passiert. Ich aber glaube, dass ich hellriechig bin. Kann man das so sagen? Es fehlt nicht viel, und man nimmt mich in die Hundestaffel auf, zum Drogenschnüffeln.

Nein, wirklich, ich beobachte bei mir eine zunehmende Empfindlichkeit – vor allem gegen künstliche Gerüche, die an allen möglichen Orten herumwabern. Erst wenn man sensibel dafür ist, merkt man, wo überall Duftstoffe eingesetzt werden.

Warum muss es in neuen Autos stinken wie in einer Chemiebude? Warum müssen Müllbeutel, Klopapier und sogar manches Spielzeug beduftet werden? Warum muss künstlicher Duft in Kaufhäusern, Hotels und Büros verblasen werden? Da sitzen wahrscheinlich Leute, die Dinge sagen wie: »Unsere Anlare kann leider nischt weiter wie abjestandene Luft immer neu verqirlen.

Wat machen wa denn dajejen?« – »Pass uff, wir jeben einfach 'n bissken Parföng dazu, denn riecht dit wie 'n Elfenfurz.«

Das Geruchsorgan – die »Neese« – ist in berlinischen Sprüchen nicht umsonst nahezu omnipräsent: »Der steckt die Neese überall rin«, heißt es etwa, wenn der Nachbar zu neugierig ist. Weitere Beispiele: »Jetzt bin ick Neese!« (reingefallen, angeschmiert) – »Heut werd ick ma tüchtich de Neese bejießen.« (einen trinken) – »Muss man dir allet aus de Neese ziehn?« (jemanden hartnäckig ausfragen) – »Ick lass mir doch nich jeden Dreck uff de Neese binden!« (nicht alles erzählen) – »Reib ihm dit noch ma richtich unter de Neese!« (nachdrücklich sagen) – »Der is voll uff de Neese jefalln:« (hat einen Misserfolg erlitten) – »Pass uff, deine Neese kricht Junge!« (wenn jemand einen Pickel bekommt) – »Een Schlach und de Neese sitzt hinten!«

Woher kommt nur meine Geruchsempfindlichkeit? Vielleicht hab ich von irgendwas »de Neese voll« (früher hieß es auch: »de Neese pleng«, was vom französischen »plein« kommt). Vielleicht will ich irgendwohin »verduften« oder mich »verflümen«. Weg von der Duftorgie. Aber da kommt dann sicher gleich wieder einer und sagt: »Wat haste denn? Ist doch allet dufte!«

Und das stimmt nun auch wieder. Mensch, künstliche Geruchsstoffe – wie hätte man die früher brauchen können, als noch Tausende Tiere auf den Höfen der Stadt lebten und vor sich hin pupsten! Ich habe das natürlich in meiner frühen Kindheit in den 1960er Jahren nicht mehr erlebt. Ich kann mich nur an das Pferd des Altstoffhändlers ein paar Straßen weiter erinnern. Aber das stank erst, nachdem es in die Jauchegrube gefallen war. Wo war denn das ganze Duftzeug, als unzählige Autos mit Auspuffqualm an einem vorüberknatterten, als der Gestank von verbranntem Gummi, Maschinenöl, Schwefel, Benzin,

Teer, Holz- und Kohlenrauch im Alltag ganz normal war? Aber wahrscheinlich hätten die Duftfetischisten in jener Zeit mit Parfümkanonen um sich schießen können – und es hätte trotzdem nichts genutzt.

Eine Stadt stank. So war das eben. Zu all dem ertönte dann aus dem Radio das Lied der »Drei Spreeathener«: »Berliner Luft jibt's nich in Tüten. / Das ist ein janz besondrer Duft, / den wollen wir behüten.«

Am Ende frage ich mich, warum ich heute eigentlich so empfindlich bin. Wichtig ist doch nur, dass man die Leute gut riechen kann, die einem nahestehen. Alles andere sollte einem »anne Neese vorbeijehn«.

- - - - - - - - - - - - - - - - - - - - - - - - - - - - - - - - - - - - -

## Ein Berliner in Vietnam

Vietnam ist mir als Berliner nicht fremd. Wir Kinder zuckelten Ende der 1960er Jahre mit dem Handwagen durchs Viertel, um Flaschen, Gläser und Altpapier zu sammeln. Das Geld spendeten wir für Vietnam, wo der Krieg tobte. Ich glaube, dass mindestens ein Fahrrad auf dem Ho-Chi-Minh-Pfad von uns stammte.

Heute leben Zehntausende Vietnamesen in Berlin. Meine Frau kennt einige von ihnen näher. Wir feierten auch schon gemeinsam Tet-Fest. Eines Tages legte mir meine Frau ein Reiseangebot auf den Tisch: gut zwei Wochen Vietnam. »Haste Lust?«, fragte sie. »Na klar!«, brummte mein innerer Berliner sofort begeistert. »Feuchte Hitze! Und Mücken! Malaria,

Dengue-Fieber, Typhus. Jute Reise!« Aber am Ende siegte die Neugier. Und so flogen wir vor einem Monat los, um die ursprüngliche Heimat unserer vietnamesischen Mit-Berliner kennenzulernen.

Was soll man sagen: Es gibt sie wirklich, die jadegrünen Reisfelder, die Leute mit den flachen Kegelhüten und die Wasserbüffel – genau wie im Kinderbuch »Das blaublumige Büffelkind«, das ich einst liebte. Fahrräder sieht man kaum noch, dafür unzählige Mopeds. »Jott sei dank musstest du damals keen Jeld für 'n Moped sammeln«, ätzt mein innerer Berliner. »Hätte länger jedauert.«

»Den« Vietnamesen an sich gibt es übrigens nicht, sondern 54 Volksgruppen, die Viet, Blumen-Hmong, Muong, Tai, Hoa oder Cham heißen. So bunt wie die Namen ist das ganze Land. Voller Kontraste.

Jetzt kann ich auch besser nachvollziehen, was viele der ersten Vietnamesen fühlten, die vor Jahrzehnten aus ihren subtropischen und tropischen Gefilden nach Deutschland kamen. »Boah«, fluchte mein innerer Berliner bei der Rückkehr vor wenigen Tagen. Er hatte noch die vietnamesische Brille auf. »Wat für 'ne Kälte! Die Luft riecht überhaupt nich. Und wat is mit den Bäumen los? Allet kahl. Ham die Entlaubungsjift jesprüht? Und warum jibt et nich dreimal am Tach warmet Essen – Reis, Nudeln, Fisch, Jemüse, Suppe? Wat soll ick hier am Abend essen? Vollkornstulle mit Leberwurscht?« Aber ich habe mich schnell wieder eingewöhnt.

Übrigens noch etwas, liebe Verkehrspolitiker Berlins! Den hiesigen Streit zwischen Autofahrern, Radlern und Fußgängern könnte man beenden, indem man einfach den Verkehr von Hanoi und Saigon hier einführte. Fast nur Mopeds! Sie brummen dicht an dicht durch die Stadt, beladen mit vierköpfigen Familien und Hunden, Umzugs-Hausrat, den Waren eines ganzen Gemüsestandes. Ein Spaß!

Der Verkehr vollzieht sich nach kaum erkennbaren Regeln. Ampeln werden ignoriert. Auf der Kreuzung fährt man einfach in den Strom der Entgegenkommenden hinein und schlängelt sich irgendwie durch. Wird es so eng, dass man am Bordsteinrand nicht mehr überholen kann, rollt man auf dem Fußweg weiter. Wie ein Fischschwarm, der ab und zu einem Auto ausweicht, bewegen sich Tausende Mopeds durch die Stadt.

Trotz des Chaos gibt es kaum Unfälle. Wieso? Der Grund ist, dass jeder auf den anderen achten muss und niemand volle Pulle durchbrettern kann. Kurzes Hupen, rein in die Lücke, Bremsen, Stopp, Fuß auf die Straße, wrrrm, weiter geht's im Slalom.

Wer als Fußgänger auf den richtigen Moment zum Rübergehen wartet, der endet irgendwann als Straßenrand-Mumie. Nein, man geht einfach los, langsam aber sicher. Man wird umspült vom Verkehrsstrom, bis man drüben ist. Wenn man das überstanden hat, überlebt man auch den Rest – die tropische Hitze und die Mücken im Mekong-Delta.

## Wozu vier Nagelstudios?

Ich habe neulich alte Bilder gesehen. Sie zeigten die Hauptein-kaufsstraße unserer Gegend vor fast 100 Jahren. Was es da alles gab: ein Motor- und Fahrradhaus, eine Hutfabrik mit Verkauf, ein Möbelhaus, eine Spirituosenhandlung, ein Kino, ein Hotel, mehrere Gaststätten.

Die Läden einer Straße sagen viel über die Bedürfnisse einer Gesellschaft aus. Deshalb habe ich auch mal geschaut, was sich heute so bei uns in der Nähe befindet. In unserer Haupteinkauf-straße – ein Kilometer lang – fand ich: sechs Friseurläden, fünf Banken, fünf Handyläden, vier Nagelstudios, fünf Apotheken, vier Reisebüros, vier Döner-Imbisse, drei Asia-Läden, zwei E-Zigaretten-Geschäfte, zwei Hörgeräte-Läden und ein Geschäft für Feuerwerke.

Man könnte jetzt lange theoretisieren, was dieser seltsame Laden-Mix bedeutet. Ich aber hatte Lust, das Ganze einmal anders zu sehen. Und zwar mit den Augen eines Lieblingshelden meiner Kindheit. Er hieß Ritter Runkel und abenteuerte lustig durch die »Mosaik«-Comics von Hannes Hegen, die sehr begehrt waren. Sein Markenzeichen waren Ritter-Sprüche, in denen er seine Erfahrungen zusammenfasste. Zum Beispiel: »Ein Ritter, der ein Stück geflogen, / wird meistenteils total verbogen.« Oder: »Ein Ritter, der den Weg nicht kennt, / kommt niemals in den Orient.«

Ich ritt also durch unsere Straße, um alles in Ritter-Runkel-Manier zu kommentieren. Wozu brauchen wir zum Beispiel vier Nagelstudios? Hier ist doch irgendwas faul. Ich sehe auch kaum jemanden drinsitzen. Aber vielleicht werden die Studios überrannt, wenn ich gerade mal nicht hingucke. Vielleicht geht's in dieser Welt überhaupt gar nicht mehr ohne Nagelstudios. Der passende Spruch dazu: »Ein Ritter meistert jedes Ding, / sind nur die Fingernägel pink.«

Und wozu braucht man sechs Friseurläden? Doofe Frage. »Ein Rittersieg nur garantiert ist, / wenn unterm Helm du frisch frisiert bist.« Andererseits kann einem auch ein bisschen mulmig sein, so als Ritter. Denn zwei der Läden nennen sich »Orient Style« und »VIP Berber«. Das letzte Mal – irgendwann im Mittelalter – hatte der Ritter weit reisen müssen, um einen orientalischen Haarschnitt zu bekommen. Seine Erfahrung: »Dem Ritterohr kann viel passieren, / lässt man vom Berber sich rasieren.« Seitdem hat er sich gewandelt. Er denkt heute multikulturell. Allerdings mit Sicherheitsvorkehrungen: »Ein Ritter in des Berbers Shop tritt, / doch stets mit Helm. Ihm reicht ein Toppschnitt.«

Fünf Apotheken in einer Straße? Ist klar, auch diese müssen sein. Eine Gesellschaft ist nicht überlebensfähig, wenn sich nicht alle paar Meter eine Apotheke befindet: »Ein Ritter mit geschwollnem Knie / braucht in der Näh' die Pharmazie.«

Und natürlich sind auch die fünf Handyläden nicht zu entbehren. Ein Rat des Ritters an alle: »Woll'n dich die bösen Jungs verbimsen, / musst du ganz schnell dem Ritter simsen.« Unbehaglich wird's ihm allerdings, wenn er den Laden sieht, der das ganze Jahr über Feuerwerk anbietet. Ihm ist bei Feldzügen schon so manches um die Ohren geflogen. Deshalb gilt: »Ein Ritter raucht nie ungebeten, / ist er umgeben von Raketen.« Vielleicht greift er auch gleich zur E-Zigarette. Dafür stehen ja zwei Läden zur Auswahl.

Bleiben nach all dem Modegeklingel, den Handys, schicken Frisuren, Nägeln und Knallereien, noch wirklich ernsthafte Dinge. Die zwei Hörgeräte-Läden zeigen, dass die Gesellschaft nicht nur viel auf ihr Äußeres hält, sondern auch immer älter wird. Naturgemäß nehmen die Probleme mit den Sinnen zu. Doch der Ritter, in seiner quietschenden Rüstung durch die Straße reitend, sieht das alles von der praktischen Seite: »Den Ritter, dem der Hörsinn fehlt, / stört kein Scharnier, das nicht geölt.«

## Wie wegjeblasen

Neulich habe ich nach langer Zeit mal wieder meinen alten Schulkumpel getroffen. »Mensch, wie läufst'n du rum?«, fragte ich, denn er ging etwas schief. »Ick hab Rücken!«, sagte er und erzählte von der Kiste, die er vom Regalbrett gezogen habe und die schwerer gewesen sei, als gedacht. Rumms – habe er einen Ruck im Rücken verspürt. »Ja. Voll blöd. Ick weeß«, sagte er.

Ich schwieg, obwohl der Berliner für solche Situationen schöne Sprüche bereithält. Zum Beispiel: »Unjeschickt lässt grüßen!« – »Du hast deinen Kopp ooch nur für't Haareschneiden.« – »Wer den Schaden hat, spottet jeder Beschreibung.«

»Sind's die Bandscheiben?«, fragte ich. »Nee«, sagte er, »ick habe wohl 'ne ISG-Blockade – »Wat haste?«, fragte ich. Im ersten Moment dachte ich an eine Militäraktion vor fremder Küste. Blockade der Internationalen Schiffs-Gewässer – ISG – oder so. Machten nicht die Amis so etwas ganz gerne?

ISG heiße Iliosakralgelenk, erklärte mein Schulkumpel. – »Wie, iliosakral?«, fragte ich, »das hört sich ja an wie 'ne neue Religion. He Leute, ich zahl keine Kirchensteuer mehr, ich gehöre ab jetzt zu den Iliosakralen. Wir beten Ilio an, den Obergott der Rückenschmerzen.« – »Blödkopp!«, regte sich mein Kumpel auf. »Iliosakraljelenk. Dit sitzt hinten, unten, neben der Wirbelsäule. Da is dit Kreuzbein ans Darmbein jeknüppert. Hat sich offenbar blockiert.« Sein Physio-Fritze habe ihm das erklärt, sagte er. Außerdem hatte er wohl noch andere Experten konstatiert – darunter Doktor Net und Professor Google.

Es stimmt schon. Man kümmert sich erst dann um den Aufbau seines Körpers, wenn's irgendwo weh tut. Vor einiger Zeit ging ich mal ins sogenannte Menschen-Museum unterm Fernsehturm. Die »Körperwelten«-Schau mit den Plastinaten von Gunther von Hagens ist umstritten, ich weiß. Aber ich hatte gerade Fußprobleme und wollte mir mal genau angucken, wie so ein Fuß aufgebaut ist. Und was soll ich sagen: Genial! Aber auch ein bisschen wie die Bastelarbeit einer Kindergartengruppe, die sehr viel Material hatte, doch nicht ganz genau das richtige. Man sieht viele zusammengewürfelte Knöchelchen und lauter Strippen, die kreuz und quer gespannt sind. Dazu Gummis, die das Ganze zusammenhalten. Auf dieser Konstruktion läuft man nun sein Leben lang herum.

»Und wat machste jetzt?«, fragte ich meinen alten Schulkumpel. »Naja, ick mach solche komischen Physio-Übungen, um dit Janze zu dehnen. Wärme hilft leider nich. Is schon nich so super«, seufzte er. Wir umarmten uns und humpelten in verschiedene Richtungen von dannen. Beim Gedanken an Gottes Bastel-Kindergarten hatte mein Fuß wieder angefangen weh zu tun.

Ein paar Tage später sprach ich meinen alten Schulkumpel wieder – per Telefon. »Wie gehts?«, fragte ich. »Der Schmerz is wie wegjeblasen«, jubelte er, »ick loof wieder rund.« Was war passiert? Eine Freundin hatte ihm den Tipp gegeben, in ein Wirbelsäulen-Gelenk-Zentrum mitten in der Stadt zu fahren. Dort gebe es einen super Arzt. Der kriege das wieder hin. Gesagt getan. Der Arzt untersuchte ihn und sagte: »Das ist wie bei einem alten Schrank, der einen Tritt gekriegt hat. Plötzlich ist die Schublade verklemmt. Und wir rücken den Schrank wieder gerade.« Mein Schulkumpel musste sich hinlegen, und nach einigem geschickten Dehnen und Renken war alles erledigt. »Die Schublade jeht wieder uff«, sagte mein Kumpel.

Wie schön, dass es in dieser Stadt noch Menschen mit goldenen Händen gibt.

· · · · · · · · · · · · · · · · · · · · · · · · · · · · · · · · · ·

## Aufmarsch der Stadtkaninchen

Der Frühling ist meine liebste Jahreszeit. Alles beginnt neu, grünt, fädelt sich aus dem Boden. Aber nicht nur ich liebe den Frühling. Auch die Berliner Wildkaninchen tun es. Sie mögen vor allem die Ostertage, in denen sie möglichst oft über den Rasen hoppeln. Denn dann hören sie vorbeiziehende Kinder rufen: »Guck mal, ein Osterhase! Oh, wie süüüß. Ein Osterhäschen. Guck doch mal!«

»Leute, ick finds nur fair, wenn die kleenen Menschenkinder so wat rufen«, erklärte das Ur-Berliner Oberkaninchen jüngst bei der Vollversammlung in der Hoppelheide. »Die ham dit Herz noch uffm rechten Fleck. Die wissen jenau: Wir Stadtkarnickel sind die echten Osterhasen und nich dit faule Feldhasenjesocks da draußen uffm Lande.« Tausend Kaninchen trommelten vor Begeisterung auf den Boden.

»Doch wat muss ick lesen von so 'nem Menschen-Schreiberling, wat leider keen Kind mehr is?« Das Oberkarnickel zog eine zerknüllte Zeitung hervor. »Hier steht's: Wir Kaninchen seien die kleinen Verwandten der stolzen Hasen. Blödsinn! Die Hasen und stolz! Da kann ick ja nur kichern.« Tausend Kaninchen purzelten vor Lachen durcheinander.

»Jut, die komischen Feldhasen sollen etwas kräftiger sein und längere Löffel ham. Aber wat machen die den janzen Tach? Wer buddelt denn die tollsten Baue, die jemütlichsten Wohnkessel, die längsten Jänge? Also der Feldhase nich! Der kennt jar keen Bau und ooch keen Kollektiv. Der hockt alleene in seiner Kuhle. Wir aber? Wir sind die Helden der Stadt. Über uns ham se sojar mal een Film jemacht. Müssta euch mal ankieken uff Hoppelnet!«

Stimmt, den Film gibt es tatsächlich. »Mauerhase« heißt er und ist ein Dokumentarfilm, der 2010 sogar für den Oscar nominiert wurde. Er beschreibt, wie während der Berliner Teilung auf den Brachen des Mauerstreifens, etwa dem Potsdamer Platz, wahre Wildkaninchenparadiese entstanden. Zehntausende Tiere hoppelten hin und her. Sie glaubten, so erzählt der Film aus Kaninchensicht, dass die Mauer nur zu ihrer Sicherheit gebaut worden war.

»Doch wat is seitdem passiert?«, rief das Oberkarnickel in die Runde. »Im Stich jelassen ham se uns! Die Mauer is weg. Allet ham se zujeklotzt, Betong uff Betong, Wejeplatten, hässliche

Monsterwürfel. Unser schönes Reich is verschwunden. Neue Plätze mussten wa uns erobern: im Park, uff'm Friedhof. Die komischen Menschenjärtner mit ihre Jartenzwerje mögen uns jar nich. Die jagen uns. Undank is der Welt Lohn, kann ick nur saren.« Tausend Kaninchen seufzten schwer und wackelten mit den Löffeln.

»Dabei warn wir es jewesen, die lauter Nachwuchs für diese lendenlahme Stadt produziert ham. Jedes Karnickelinchen hat sich mehrmals im Jahr voll anjestrengt. Fuffzich Junge pro Jahr – dit muss man uns erst mal nachmachen. Na jut, die wenigsten Jören wurden alt! Aber allein der Einsatz! ›Neues Leben im Todesstreifen‹ – so könnte der große Kinofilm über uns heißen, Regie: Florian Hoppel von Donnerstach.« Tausend Kaninchen trommelten auf den Boden.

»Wenigstens die kleenen Menschenkinder ham uns heute mal lieb. Okay, ick weeß ooch nich jenau, wat wir mit die Ostereier zu tun ham. Irgendwann hat eena inne Welt jesetzt, dass wir Hoppler die Eier bringen und nich dit doofe Huhn, der Fuchs, der Kuckuck oder der Storch. Und ick wehr mir natürlich nich, wenn jemand Osterhase zu mir sacht. Unsere Köttel sehen sowieso schon so aus wie kleene Schoko-Ostereier.« Tausend Kaninchen jubelten und begannen massenhaft kleine Köttel zu produzieren. Schließlich mussten viele Nester gefüllt werden in dieser Stadt.

# Homo digitalis

Facebook hat'n Knall! Ein guter Bekannter – Hobby-Fotograf – hat dort auf einer Wettbewerbsplattform ein Foto reingestellt, »Lena mit Schwan«. Man sieht eine junge Frau, am Strand sitzend, nackt, von der Seite fotografiert. Ein bisschen Brust ist zu erkennen, nicht mehr. Davor steht ein Schwan, den Hals gebogen, den Schnabel im Sand.

Bei Facebook schlugen sofort die Alarmglocken. Die Netzwerk-Kontrolleure sperrten das Bild. Begründung: Es verstoße gegen die »Gemeinschaftsstandards« zu Nacktdarstellungen. Brustwarzen von Frauen dürften nicht gezeigt werden, »außer Frauen beim Stillen oder nach Entbindungen, aus gesundheitlichen Gründen oder Protest«, wie es bei Facebook bar jeder Grammatik heißt.

Eine seltsame Auswahl. Sie schließt nahezu die Hälfte aller europäischen Kunstwerke der letzten 500 Jahre aus. Aus Trotz stellte ich sofort das Gemälde »Leda und der Schwan« von Rubens (um 1600) auf die Facebookseite – eine erotische Darstellung saftiger Nacktheit mit Schwanenkuss. Nun warte ich darauf, dass sich Facebook meldet: »Lieber Herr Rubens, pfui Deibel! Ihre Bilder verstoßen gegen nahezu alles. Wir veröffentlichen nichts von Ihnen in den nächsten 1.000 Jahren.«

»Reg da doch nich uff!«, mischte sich mein innerer Berliner ein. »Wat jehste übahaupt abends noch uff Feetzebuck? Rubens hin oder her. Loof doch mal durch'n Wald und hör die Vöjel piepsen! Stattdessen regste da uff. Bist schon so 'n richtijer

Homo digitalis, der nur noch am Compjuta rumhockt! Jesund is dit nich!«

Da hat er im Grunde recht, mein innerer Berliner. Homo digitalis! Das klingt nach Krankheit. Digitalis – das kannte man früher nur als Herzmittel, gewonnen aus Pflanzen wie dem Fingerhut. Direkt dem Medizinbereich entsprungen scheint auch der Begiff Influencer zu sein. Er klingt nach Virusgrippe, Influenza. Gemeint sind aber »Beeinflusser«, junge Leute, die stundenlang in Videoclips Produkte präsentieren. Oder Lifehacks. Nein, das sind keine zerhäckselten Lebewesen. Gemeint sind Kniffe für den Alltag.

»Richtig gruselig wird's aber beim Handy-Zombie«, sagt mein innerer Berliner. »Du bist ja ooch bald eena.« Stimmt. Auch ich habe die Verwandlung schon vollzogen, als ich auf dem Weg zum Bahnhof schnell noch eine Nachricht auf dem Handy schreiben wollte. Ich bekam plötzlich diesen typischen Zombie-Gang, mechanisch und blind vorwärts stolpernd. Ab und zu blickte ich kurz auf und entging knapp dem Zusammenstoß mit einem anderen Handy-Zombie oder der Laterne. Dann erinnerte ich mich an einen Videoclip, in dem jemand vom Lastauto überfahren wurde, weil er ständig auf das Handy starrte, und steckte das Ding schnell weg.

Für Regisseure von Horrorfilmen eröffnet sich mit dem Homo digitalis ein weites Feld von Ideen. Nein, ich meine nicht den hilflosen Patienten, der vom durchgeknallten Pflegeroboter entführt wird. Oder die Sex-Roboterpuppe, die aus Eifersucht den Partner meuchelt. Ich meine die gruselige Meldung der vergangenen Woche, dass es bis 2070 bei Facebook mehr tote als lebende Nutzer geben könnte, wie eine britische Studie ergab. »Feetzebuck – een riesijer Friedhof!«, begeistert sich mein innerer Berliner, der gerne Horrorfilmregisseur wäre. »Wenn da een Administrator een Bild von olle Rubens von de Seite löschen will, bejinnt et uffm Bildschirm sofort zu orjeln. Und – flupp – wird der Typ ins virtuelle Jenseits jezoren!« Ja, Vorsicht! Digitale Seelen sollte man nicht reizen.

## Ach, du fette Boulette

Meine über 80-jährige Tante aus Lichtenberg wünscht sich, dass ich ihr mal wieder Buletten mitbringe. Und zwar selbstgemachte. Offenbar kann ich das ganz gut. Sie werden zwar jedes Mal anders, weil ich ganz nach Gefühl würze und auch den Brötchen-Anteil variiere. Aber die Tante hat sich noch nie beschwert.

Wenn ich ein Berliner Nationalgericht küren müsste, dann wäre es die Bulette und nicht die Currywurst. Schon weil eine Currywurst mit Pommes 1.000 Kalorien hat. Und weil im Namen Bulette der typische französische Einfluss steckt, der Berlin lange prägte. Bulette hört sich auch appetitlicher an als »Frikadelle«, »Gehacktesklops«, »Fleischpflanzerl« oder »Bratklops«, wie die Dinger anderswo heißen. Und Bulette klingt nicht so gefährlich wie andere Regionalspeisen. »Labskaus« und »Saumagen« – das erinnert an was Rausgemoppeltes oder eine Krankheit. »Oh, ich habe Saumagen.« – »Ach wat. Tut dit weh? Jeh ma schnell zum Arzt!«

Die Bulette muss leider auch für vieles herhalten. Im Westteil der Stadt soll man zum Polizeiwagen »Bulette« gesagt haben.

Ich erinnere mich auch an so manche frühere Hänselei auf dem Schulhof, bei der man übergewichtige Mitschüler »dicke fette Arschbulette« gerufen hat. Ja, sorry, so sind Kinder nun mal. Die gemeinsten Wesen auf dieser Welt.

Die Bulette selbst, als konkretes Nahrungsmittel, wird allerdings auch manchmal kritisch betrachtet. Zumindest die, die man nicht selbst gemacht hat. Ein Wörterbuch listet Synonyme auf, die der Berliner für seine Bulette geprägt hat: »Bäckerbraten«, »Semmeltörtchen« oder »Kampfbrötchen« – wenn mal wieder zu wenig Fleisch drin ist.

Der Berliner weiß schon lange, wie man tricksen kann – ob bei Buletten, Wurst, Brot oder Kaffee. Er hat ja genügend Notzeiten erlebt. Mitunter übten sich Verkäufer auch gleich in voreilender Selbstoffenbarung. Folgenden Vers soll 1780 der Budiker Friebel am Molkenmarkt an sein Geschäft gepappt haben:

»Meine Wurst is jut –
Wo keen Fleesch is, da is Blut –
Wo keen Blut is, da sind Schrippen –
An meine Wurst is nich zu tippen!«

Nämliches traf gewiss auch auf die Bulette zu. In unserer Gegend soll es sogar einen Schlächter gegeben haben, der »Katzen-Krause« genannt wurde. Woher der Name kam, möchte man lieber nicht wissen.

Ja, und richtig gehört: Den Fleischer nannte man in Berlin sehr oft »Schlächter«. Dieser kam – wie es scherzhaft hieß – sogar in dem alten Volkslied »Das Wandern ist des Müllers Lust« vor, und zwar in der Zeile: »Es muss ein Schlächter Müller sein, dem niemals fiel das Wandern ein«. Doch das nur am Rande.

Da ich als Schulkind ein »dürret Hemde« war, musste ich ordentlich Buletten essen. »Iss tüchtig, du hast lange Seiten. Da muss wat ran«, hörte ich des öfteren.

Das erste Mal richtig überfressen habe ich mich allerdings nicht an Buletten, sondern an Kartoffelpuffern, die mein Opa gemacht hat. Nach dem zehnten knusprigen Stück lag ich auf dem Sofa und stöhnte unter Krämpfen. Ich dachte, ich muss sterben. Dies war der Moment, in dem ich – gerade zwölf Jahre alt – meinen ersten Schnaps bekam: einen ekelhaft nach Medizin schmeckenden Boonekamp. Brrr, nicht gerade eine alkoholische Einstiegsdroge.

Mit der Erinnerung daran mache ich mich jetzt an die Buletten für die Tante. Nicht dass sie am Ende zu viel davon isst. Zur Sicherheit packe ich den Magenbitter gleich mit ein.

* * * * * * * * * * * * * * * * * * * * * * * * * * * * * * * * *

## Schleimis Schicksal

Jeder kann ein Forscher sein. Auch im Alltag. Dazu braucht man kein Labor. Das sage ich jetzt mal pünktlich zur traditionellen Langen Nacht der Wissenschaften in Berlin und Potsdam. Vor wenigen Tagen erst endete die Aktion einer Umweltorganisation. Die Bürger sollten in ihren Gärten die Vögel zählen. Über 1,6 Millionen Piepmätze kamen dabei zusammen. Spitzenreiter war der Spatz, der freche Lümmel. Das hätte ich allerdings auch vorher sagen können.

Doch es geht auch dramatischer. Denn Forschung schreckt bekanntlich vor nichts zurück. Vor einigen Tagen stellte sich eine

Frau, die in Manchester in einem Flugzeug saß, die Forschungsfrage: Was passiert, wenn ich kurz vor dem Start noch schnell die Nottür öffne? Das Ergebnis: Die Notrutsche wurde aktiviert, die Boeing hatte sieben Stunden Verspätung. Später erzählte die Frau, sie habe in Wirklichkeit noch mal schnell aufs Klo gehen wollen und die Türen verwechselt. Typische Forscherausrede, denn so dumm kann eigentlich keiner sein. Und wenn doch: Gott sei dank war ihr die Idee nicht während des Fluges gekommen.

Auch zu Hause kann man sich viele Forschungsfragen stellen: Nach welchen Gesetzen wandern Staubflusen durch den Flur? Warum nutzt man immer nur den einen Kuli, obwohl man eine ganze Sammlung hat? Was steckt hinter dem rätselhaften Verschwinden einzelner Socken – und wird der zurückbleibende Partner depressiv? Wachsen Fußnägel um den Zeh herum, wenn man sie ein Jahr lang nicht schneidet?

Als Jugendlicher machte ich mal ein psychologisches Experiment. Ich baute eine Grusel-Mumie mit braunem Knetkopf. Diese drapierte ich auf dem Dachboden, denn ich wollte wissen, welcher Hausbewohner als Erster beim Wäscheaufhängen aufschreit und kreischend durch den Hausflur läuft. Ich tippte auf unsere Nachbarin. Doch nichts passierte. Nach ein paar Tagen steckte mein Vater, der auf dem Boden zu tun gehabt hatte, den Kopf ins Zimmer und sagte beiläufig: »Räum mal langsam den Quatsch da oben weg.« Unser Haus war eben zu cool. Oder meine Bastelarbeit noch ausbaufähig.

Meine Töchter waren auch eifrige Forscherinnen. Eines Tages saß bei uns zu Hause eine Schnecke auf der Zuckerdose. Sie war mit einem Blumenkohl aus Frankreich gekommen. Die Töchter nannten sie Schleimi, bauten ihr ein Schneckarium und warfen

Blätter hinein. Dann begannen die Beobachtungen. »Ihr werdet es nicht glauben«, rief die jüngere Tochter in die Kamera. »Jaawooohl, Schnecken haben eine Zunge!« Ich sah zum ersten Mal, wie Schnecken Blätter mit einer Art Raspelzunge wegputzen. Auch der Stoffwechsel wurde beobachtet. Es gelang Schleimi sogar, aus dem Gefäß zu entwischen und sich unterm Tisch zu verstecken. Doch der Fluchtversuch misslang.

Das verwöhnte französische Biest fraß monatelang nur feinste Kohlblätter. Es wurde fetter und fetter. Sein Haus bekam einen Riss und fiel bald ganz auseinander. Wobei meine nachträgliche Frage wäre: Kann man Schnecken wirklich so fett füttern, dass ihr Haus platzt? Oder spielte dabei noch etwas anderes eine Rolle? War sie vielleicht bei ihrem Fluchtversuch vom Tisch gefallen?

Am Ende wollte ich den Töchtern den Anblick einer an Fettsucht verendenden Schnecke ersparen und setzte Schleimi auf dem Hof aus. Leider war es mitten im Winter. Wir sahen sie nie wieder. Und nun läuft seit Jahren der Langzeitversuch: Wieviel Zeit muss vergehen, bis Töchter ihrem Vater das eigenmächtige Aussetzen eines hilflosen Schleim-Wesens verzeihen. Ich tippe mal auf ein ganzes Erdzeitalter, sodass ich das wohl nicht mehr erleben werde.

# Wir sind die Größten
*(Statt eines Nachworts)*


Wir sind die Größten. Uns kann keena, aber alle können uns mal! Wo wir hinspucken, sprießen tausend Sommerblumen. Und wo wir draufhaun, wächst nix mehr. Sind wir wirklich so, wir Berliner?

Die anderen scheinen es so zu sehen. Die denken, wir sind großkotzig. Ich hab dazu mal ein paar Zitate: »Der Berliner an sich neigt ja tendenziell gerne mal zum Größenwahn«, sagte zum Beispiel ein Hertha-Trainer, der aus München kam. »Er ist laut, redet viel, will viel – aber getan wird oft erst mal wenig.« Andere Leute regen sich auf, dass die Busfahrer maulig sind oder sie auch in teuren Berliner Restaurants mit Kodderschnauze bedient werden. So nach dem Motto: »Wir Berliner sind ja sowieso die Größten und brauchen uns keene Mühe mehr zu jeben.«

Wenn's danach geht, sind wir Berliner die deutschen Franzosen: Denen ist es egal, ob man sie versteht, und sie sind oft kurz angebunden. Albert Einstein, der lange in Berlin wohnte, glaubte, die Ursache des Ganzen erkannt zu haben: »Ich verstehe jetzt die Selbstzufriedenheit des Berliners«, sagte er. »Man erlebt so viel von außen, dass man die eigene Hohlheit nicht so schroff zu fühlen bekommt wie auf einem stilleren Plätzchen.« Starker Tobak, Mann, Mann, Mann.

Gut, manche Berliner Sprüche scheinen den Eindruck zu bestätigen, dass der Berliner vor allem eines hat: eine große Fresse. Zum Beispiel: »Bescheidenheit is eine Zier, / doch weiter kommt man ohne ihr.« – »Mach de Oogen zu, / dann weeßte, wat dir jehört!« – »Icke, icke bin Berliner, / wer mir haut, den hau ick wieder.« – »Vor Gott sind eigentlich alle Menschen Berliner.« Den letzten Spruch hat übrigens Theodor Fontane geprägt.

Aber wie soll man denn nicht größenwahnsinnig werden, wenn sogar ein amerikanischer Präsident verkündet hat: »Alle freien Menschen, wo immer sie leben mögen, sind Bürger Berlins«, und dann auch noch zusetzte: »Ich bin ein Berliner«? Wobei in diesem Falle ausnahmsweise mal kein Schmalzgebäck gemeint war. Aber Kennedy hat das alles gar nicht buchstäblich so gemeint. Er wollte nicht wirklich nach Berlin in den Hinterhof, vierter Stock ziehen. Seine Villa und seine Yacht lagen ja in Hyannis Port. Er wollte 1963 rein symbolisch verstanden werden mit seinem Spruch.

Und da sind wir an einem ganz wichtigen Punkt. Wir Berliner sind nicht einfach nur Berliner, sondern auch Träger von unheimlich viel Symbolik, die man uns meist von außen übergeholfen hat. Wo man hinguckt, findet man sie. Von allein wären wir kaum drauf gekommen, uns eine Prachtmeile zu bauen, die Rom und Athen Konkurrenz machen soll. Sie heißt Unter den Linden. Für den Bau unserer gigantischen Karl-Marx-Allee zog man einst Bautrupps aus dem ganzen Land ab. Wir haben 1969 den damals zweitgrößten Fernsehturm der Welt mitten in die Stadt gepflanzt – so nach dem Motto: Wir ham den Längsten!

Viele Jahre davor hatte es sogar mal irre Pläne gegeben, uns zu »Germania« zu machen, einer Art Welthauptstadt, mit einer 120 Meter breiten Prachtstraße und einer Halle, 320 Meter hoch, in der 150.000 Menschen Platz finden sollten. Und jetzt knallt man uns das alte, riesige, historisch längst überholte Stadtschloss wieder hin.

Hätten wir das auch getan und geplant, wenn wir das kleine Fleckchen an der Spree geblieben wären? Wohl kaum. Dazu ist es hier viel zu zugig und nieselig. Wir ziehen uns abends gern in die Dörfer und Städtchen zurück, aus denen man uns einst zusammengestoppelt hat. Überhaupt kann jeder bei uns machen, was er will. »Hier gibt es keine Attitüde und keine Fassade«, schreibt die Bloggerin Lara Maria Gräfen. »Hier sind alle ganz unaufgeregt gleich.« Mag da irgendwo jemand was Monströses aufziehen. Egal. Wir geben dem Ganzen dann unseren Spitznamen. So wie wir einst die Große Granitschale im Lustgarten »Suppenschüssel« nannten, die Kongresshalle »Schwangere Auster«, das Luftbrückendenkmal »Hungerharke«. Moment mal, haben wir eigentlich dem Flughafen schon einen Namen gegeben? Nein? Warum nicht? Bundeswartehalle? Fluch-Hafen?

Jene, die unbedingt Symbolik und Größe wollten, kamen meist von woanders: aus einer schwäbischen Burg die Hohenzollern, aus einem Kaff in Österreich der Weltkriegsgefreite, aus Sachsen und dem Saarland die Staats- und Parteichefs. Und auch die heutige Bundeshauptstadt braucht viel Symbolik.

Selbst, wenn viele von uns Berlinern da mitmachen und mitbestimmen, geht uns manches ganz schön auf den Docht. Und deshalb wird es endlich mal Zeit für eine echte Berline Klage:

Mensch, ej. Uns reicht dit jetze. Eijentlich woll'n wir jar nich imma die größten sein. Und ooch keene Rekorde. Sonst würden wa ja so wat machen wie andere Orte und den längsten Leberkäs der Welt herstellen wie Ulm. Oder die größte Fischsülze wie Usedom. Na jut: Schüler in Lichtenberg haben mal in ihrer Turnhalle den längsten kalten Hund der Welt zusammenjepappt, 700 Meter lang. Aber dit war'n Ausrutscher. Wohl Langeweile jehabt? Stärker im Unterricht rannehmen!

Ick finde, wir ham een paar Rekorde, uff die wa jern vazichten könnten. Ick hab zum Bleistift dit Jefühl, unsere Stadt hat die längsten Arbeitsweje, zumindest von der Zeit her, wejen diese janze Bahnbummelei und -bauerei. Wir hetzen uns manchmal janz schön ab. Die Autorin Ilona Hartmann hat mal jesagt: »In Berlin gewöhnt man sich als Fußgänger ein Tempo an, für das man in München vermutlich zwei Punkte in Flensburg bekäme.« Beim Radfahren ist et ähnlich.

Ein bisschen sind uns ooch die Nerven anjejangen in den letzten Jahren. Immerzu stehn wa im Spannungsfeld zwischen höchstem Anspruch und Stümperei, zwischen Hauptstadt-Gedöns und Jefriemel, zwischen «Kommt alle alle her!« und »Blöde Touris mit ihre Rollkoffa«. Aba wenn uns eena von außen unsere Stadt madich machen will, dann verteidijen wa allet – ooch dit, worüber wa sonst meckern. Denn hilft uns unsre große Klappe, unser Abwehrjeschütz jejen alle Zumutungen. Muss ja ooch. Immerhin hat ja sojar Kennedy jesacht ...

Doch eijentlich, in unserm tiefsten Innern, wünschen wir uns, dass der Song, den unsre großartije Claire Waldoff einst sang, unsere ewige Hymne is:

Wat braucht der Berliner, um glücklich zu sein?
Ne Laube, 'n Zaun und 'n Beet.
Wat braucht der Berliner 'n heurigen Wein,
wenn vor ihm sein Weißbierglas steht?
Ne dicke Zigarre mang die Lippen jeklemmt,
zwee Mann zum Skat im frischjewaschnen Hemd.
Dazu eenen Kümmel und 's nötige Schwein,
Det braucht der Berliner, um glücklich zu sein!

# Inhalt

| | |
|---|---|
| Der eene sacht so, der andre so! | 5 |
| Rotzbremse und Mollenfriedhof | 8 |
| Lausteraffe? Noch nie gehört! | 10 |
| Dem Schlaf seine Atze | 12 |
| Ick gloob et hackt! | 13 |
| Jenau uff de Brülle | 15 |
| Jedichte, die nur in Berlin jehn | 16 |
| Sieben Mal um die Erde | 19 |
| Tapsen mit dem Monsterschuh | 21 |
| Neusprech versus Berlinisch | 23 |
| Nee, du vadämfst ooch! | 26 |
| Der Betrug des Rotschwänzchens | 28 |
| Das ungeschickte Entchen | 31 |
| Von Ferden und Ssiegen | 32 |
| Klebrige Tipps für mehr Happiness | 34 |
| Am hellerlichten Tach! | 35 |
| Kalle zog's nicht an die Spree | 37 |
| Der ewige Kampf um die Bettdecke | 39 |
| Liebesleid und Grippezeit | 40 |
| Der Berliner Bär ist fett und schwer | 42 |
| Genau, genau, genau | 44 |
| Das Loch in der Fliesenwand | 46 |
| Von Gier zerfressen | 48 |
| Du hast ja'n Schatten | 50 |
| Et jeht imma noch kürza! | 52 |
| Bald kommt die Weihnachtsfrau | 56 |

Alle Möwen heißen Emma                                    58

Besoffen durch Eierkuchen                                 60

Vorsicht, Weihnachten!                                    62

Einmal im Jahr etwas Respekt                              64

Steinchen in der Socke                                    66

Das abgegriffene Kindheitsfoto                            68

Heute schon jedäumelt?                                    70

Die Sache mit den Taschen                                 73

Drück fester, du kannst es schaffen!                      75

Keena soll vom Fleesche fallen!                           77

Der Grunschüler beim Zaanaatz                             79

Eine Frau für eine Nacht                                  81

Kleiner Plausch mit dem Biber                             83

Beim Loofen de Schuhe besohln                             85

Der Streit um Pille und Schwelle                          87

Das Berliner Grundgesetz                                  89

Eiszeit und Entenpaarung                                  90

Lederbälle und Schweißfüße                                92

Die geheime Raumstation                                   94

Schätzungen aus der Ferne                                 96

Die tückische Automatiktür                                97

Au, der arme Preiß!                                       99

Gefühlsecht                                              101

Was für'n Krieg?                                         104

Die ehrliche Stulle                                      106

Zwitscherei mit Schnauze                                 108

How up you bird!                                         110

Philosophie des Bahnhofsklos                             113

Geil ist das neue Knorke                                 115

Zwee linke Footen                                        117

Diese oder keine nich!                               119

Des, det, dit und dis                                122

Au Backe, oh weh oh weh!                             124

Zu Gast im Schloss                                   126

Scheint die Sonne so heiß                            128

Grimmiger Grinsekater                                131

Ich liebe Dir! Ich liebe Dich!                       133

Zeitgeist mit Sturmhaube                             135

Her mit den Badekarren                               138

Geheimcode auf dem Schein                            141

Wat is wat von wat?                                  143

Donald Duck ist in der Stadt                         145

Wie man's nicht machen soll                          148

Große Kreise am Himmel                               150

Du Feifenheini, tanz ab!                             152

Durchkreuzte Bahnhofsuhr                             155

Sex bedeutet Lebensgefahr                            157

Hamse jedient?                                       159

Besuch beim Neandertaler                             162

Verhaltensbiologie des Pärcheneinkaufs               165

Das große Wummern                                    167

Ach du dicke Jurke                                   169

Der Boom kippt!                                      172

Den Tieren reicht's                                  174

Die Perlschnur ist weg                               177

Der Mond ist ein Berliner                            179

Oberedle Schnitzelbude                               182

Das Smartphone als Untersetzer                       184

Neander-Orje wundert sich                            187

Elfenfürze überall                                   189

Ein Berliner in Vietnam                                       191

Wozu vier Nagelstudios?                                       194

Wie wegjeblasen                                               196

Aufmarsch der Stadtkaninchen                                  198

Homo digitalis                                                201

Ach, du fette Boulette                                        203

Schleimis Schicksal                                           205

Wir sind die Größten                                          208

## Der Autor

Torsten Harmsen, geboren 1961 in Berlin, lernte Schriftsetzer und studierte Journalismus. Seit 1988 arbeitet er als Redakteur in der *Berliner Zeitung*, zuletzt im Feuilleton und im Wissenschaftsressort. In seinen bisherigen Büchern »Papa allein zu Haus« und »Die Königskinder von Bärenburg« verarbeitet er den Alltag als Vater zweier Töchter und erzählt die Geschichte der deutschen Teilung als modernes Märchen.

In seinen wöchentlichen Glossen in der *Berliner Zeitung* betrachtet er die Hauptstadt aus der Sicht eines Ur-Berliners. Eine erste Sammlung davon erschien 2018 im be.bra verlag unter dem Titel »Neulich in Berlin. Kurioses aus dem Hauptstadt-Kaff«.

**Der Bestseller von Torsten Harmsen**

Torsten Harmsen
**Neulich in Berlin**
Kurioses aus dem Hauptstadt-Kaff
ISBN 978-3-8148-0231-2
Buch 14,– € / E-Book 9,99 €

Torsten Harmsen erzählt von den Herausforderungen und Über-raschungen, die das Berliner Alltagsleben mit sich bringt. Mal belauscht er unfreiwillig skurrile U-Bahn-Gespräche, mal wundert er sich über merkwürdige Halloween-Riten, kämpft gegen bissige Großstadt-Mücken und freche Wildschweine oder sinniert über die Lebensweisheiten seiner Ur-Berlinerischen Tante. Die Geschichten in diesem Buch sind letztlich so vielfältig und wunderlich wie die Stadt selbst.

»Harmsen schreibt lakonisch, gut lesbar, unterhaltsam und der Berliner Mutterwitz ist durchgehend spürbar (...). Eine erhei-ternde Sammlung zum (Selbst-)Verständnis der Hauptstädter.«
*ekz-Bibliotheksservice*

**www.bebraverlag.de**

**»Eine Liebeserklärung an den Berliner Flughafen Tegel.«** *Berliner Morgenpost*

Julia Csabai, Evelyn Csabai
**Letzter Aufruf Tegel!**
Geschichten vom tollsten
Flughafen der Welt
ISBN 978-3-8148-0214-5
Buch 12,– € / E-Book 8,99 €

»Das Buch ist eine heitere Anekdotensammlung von einer Stadt in der Stadt. Es geht um Menschliches und allzu Menschliches, mit einem sympathischen Hauch von Nostalgie.«
*Süddeutsche Zeitung*

»Das Buch von den Csabais wird die Herzen von Nostalgikern wärmen.«
*Berliner Zeitung*

»Zu Wort kommen die Menschen, die den Flughafen am besten kennen, aber fast unsichtbar sind: Kellner, Gepäcksortierer, Putzfrauen und Wachleute.«
*FOCUS*

**www.bebraverlag.de**

## Stadtgeschichte hinter der Friedhofsmauer

Jörg Sundermeier
**11 Berliner Friedhöfe, die man gesehen haben muss, bevor man stirbt**
ISBN 978-3-8148-0224-4
Buch 16,– € / E-Book 10,99 €

Friedhöfe sind nicht nur Orte der Trauer. Sie bieten dem Besucher zuweilen auch einfach eine Oase der Ruhe – abseits der großen Parks, in denen man von Skateboardern überfahren wird oder von Musikanten nicht immer angenehm überrascht. Aber einige Friedhöfe können noch viel mehr: Sie bieten Überraschendes und Erbauendes, Verstörendes und Horizonterweiterndes.

Jörg Sundermeier verrät in diesem Buch, welche elf Berliner Friedhöfe man unbedingt besucht haben sollte, bevor man selbst ins Grab sinkt.

»Dort, wohin Sundermeier seine Leser mitnimmt, ist so viel zu entdecken, dass man am liebsten gleich loslaufen würde.«
*Lesart*

**www.bebraverlag.de**

## Stadterkundungen mit spitzer Feder

Kurt Tucholsky
**Westend bis Köpenick**
ISBN 978-3-89809-109-1
Buch 12,– € / E-Book 8,99 €

Der Berliner Kurt Tucholsky (1890-1935) kannte seine Stadt wie seine Westentasche. Besonders in den 1920er Jahren erkundete er schreibend die Eigenheiten Berlins, seiner Einwohner und ihres Mundwerks. Mal mit Augenzwinkern, mal mit satirischer Wut beschreibt er die Vorzüge und Macken der Metropole, das Zentrum der Mächtigen und Möchtegerne von Westend bis Köpenick - ein verblüffend aktuelles Berlinbild.

»Wunderbar, wie uns Tucholsky seine Geburtsstadt Berlin nahe bringt.«
*literatur-weimar.de*

**www.bebraverlag.de**

# Berlinern auf den Mund geschaut

Matthias Zimmermann
**Die Berliner Schnauze**
Die besten Sprüche, Schimpf-
wörter und Redensarten
ISBN 978-3-8393-4122-3
6,99 € (E-Book)

Die Hauptstädter sind berühmt-berüchtigt für ihre schnoddrige Schnauze und ihre unnachahmliche Schlagfertigkeit in jeder Lebenslage: Vom Essen und Trinken bis hin zur Alltagsphilosophie, vom Kompliment bis zum deftigen Fluch.

Matthias Zimmermann wirft einen Blick auf typische Berliner Redewendungen und erklärt, woher sie kommen und was sie bedeuten. Mit einem Seitenblick auf Witze, Reime, Lieder und Aussprüche ergibt sich ein unterhaltsamer Streifzug durch 200 Jahre Sprachgeschichte.

**www.bebraverlag.de**